明蜀王文集

五種

（二）

胡開全 主編

巴蜀書社

定園睿製集

〔明〕朱友垓撰　紅葉山文庫藏

明成化五年刊本　十卷

定園睿製集

一之五

共二冊

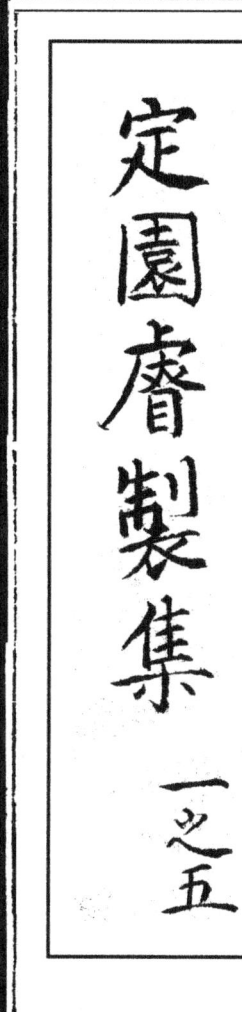

定園睿製詩集序

我
先君定王居世府時視
膳之暇入則秘閣閱
書出則經帷進講研
精覃思蓋無虛日景

慕楚元間平霍王元
軌中王德文崇儒重
道好善忘勢之賢授
簡摛辭出語婉麗興
至則清風雅咏發舒
性情自然有得於塵

俗之外者或與時之
才士品題賦詠或用
古人詩韻而屬和之
睿製雖多不盡留藁成
化改元
錫圭受爵之後直欲簡

任賢能爲之羽翼藩
屛
帝室以承前志不意僊遊
而
鑾輿竟不返矣我心
感悲不能已也所賦

長篇短律幸而未泯者得若干首命紀善馬純類編成卷以壽於梓而傳諸來世嗚呼觀者不無興滄海遺珠之嘆云

成化五年歲舍己丑
閏二月望日孝子
蜀王○○謹序

定園睿製集目録

卷一

歌行

卷二

五言律詩

卷三

和唐賢韻

卷四

七言

卷五

卷六

卷七

卷八

七言絶句

卷十

社日　自河西歸山
野塘　歲初喜皇甫侍御至
送魏十六　送王永
酬楊八副使赴湖南見寄
逢鄭三遊山
重贈商玲瓏兼寄樂天
採松花　哀孟寂
患眼　感春
西歸出斜谷　答韋丹
九日憶山東兄弟　葉道士山房

定園睿製集卷一

歌行

賜題承奉范安退思軒

宮庭燕坐春晝長和風吹暖搓晴光中官怡靜持卷至拜云是卷受賜於　先王蒞官承奉擅專對恩榮光寵相輝煌退思二字實黽勉晝夜懷補何敢忘吾　王仁風被一國政令寬簡人安康予時展卷起遐想嗟爾忠君愛國心靡遑襟懷脫灑逈不偶咲談磊落皆文章由來渥水產神駿自是丹山鳴鳳凰深春花開錦絢爛青山雲樹烟微茫有

時向此軒中憇歇鑪頻焚沉水香客來瀹茗論今古琴彈雲水浮瀟湘清幽户檻自瀟灑遶軒箇箇青篔簹繁陰蔽日無炎暑蔌蔌風生長夏凉不學佞人僥倖誇利口勿以利口亂家邦豈不聞漢中侍呂強梗直名位崇又不聞唐內臣馬家三保有奇功英雄千載今已矣後有怡靜踵其蹤願爾始終無間報効於君主流芳千秋百世後人嘆羨其精忠

賜題指揮鄭啓賔簷軒、

華堂虛敞書連屋架插牙籤三萬軸簷前風景助

吟觀遶砌幽蘭散清馥偏承雨露色鮮妍退食相
看情自足靈均佳興賦離騷尼父援琴操幽曲猗
猗翠葉扇春風燁燁瓊葩映晴旭有時靜坐此軒
中瀟灑襟懷絶塵俗香焚寶鼎篆烟消詩和猗蘭
句清淑秀質宜升君子堂芳馨豈肯蔽空谷我亦
平生愛此君展卷揮毫快吟目迪先亦是英偉姿
早膺顯仕升彤墀常存忠赤侍君上恒思補報期
無違金門退直春晝長蘭分賓主漫徜徉儼然對
此盡恭敬簪纓世冑應流芳相期莫忘曾頌嗣之
章

賜題紀善馬純思亭

悠揚天際雲飛傍亭前樹一寸懷親心凭軒漫延佇北堂萱草金花黃每憶慈親欲斷腸當年教子敦詩禮嘉言佩服奚敢忘子能承訓學不倦名題金榜生輝光只今仕宦數十載感時慨歎增悲傷慈顏一別不復見白雲千里空飛揚深秋寂寞動懷抱滿耳悲風吹白楊今觀記室馬純孝令人嘆羨爭揄揚君不見三遷孟母名不泯子於青史同流芳

壽萊教授著

四明有佳士王門久曳裾研究先儒業精通上古書鶴髪朱顔過六袠賓朋設醴如雲集蟠桃會裏捧霞觴慶喜高年眼尤碧南極星光照户庭舉杯翹首望長庚南極長庚添壽筭年年日日頌康寧

四明叟列仙儒襟懐灑落誰能如經筵進講二十載禮賢館内常安居兒孫着綵戲堂前韻美笙歌喧綺筵况值三秋佳菊綻採之泛酒能延年

賜題良醫温彦中醫師之良

彼美温氏子世習軒岐業一朝披雲霧近侍 君王側青囊金匱久精研察脉通神諳妙訣自非爾

祖積陰功如何得繼前人烈出入金門恒小心保和玉體露恩澤醫傳三世可稱良彥中爾亦能醫國一門兩輩承寵光　眷恩特賜醫師良顧爾始終勤保守贏得清名後世揚

賜題千戶王

錦城有佳士卜宅蓉城東平生愛質朴景仰高人風蒞官數十載處事勿雷同僻地構一室槐陰扁其中公餘無外慕適興鳴絲桐賓朋時一過談笑皆從容芳辰伯仲捧霞觴五色斑衣耀寵光雙親樂兮樂無央鶴髮朱顏壽且康君家積德德澤長

階前芝蘭列成行濃陰鬱鬱多清涼煌煌星映三
槐王正及花時舉子忙憶昔當年晋公祐至今猶
著聲名香

賜題醫士門忠杏林深處

門生倜儻士卜築錦城東平生愛佳致醫術藏胸
中玄霜熟擣幾萬杵指下浮沉明脉理活人一念
拯疲癃想應曾飲上池水春風紅杏絢晴霞繞屋
芬芳燦雲綺知卿妙訣潛通神七劑纔投疾能起
金匱方從肘後抄人言專自抱朴子君不見昔年
董奉居林泉滿山種杏根株連又不見蘇耽種橘

并鑿井一時民瘼俱能痊門生種杏今應少更羨平生好懷抱上修靈藥事王公下保嬰孩及衰老豈不知宋清焚券積陰功千載相傳名愈好

訪青城山巢雲子

崀峩之山雪嶺東巍巍峭拔誰與同想應蓬頭張三峯準擬來此巢雲松近聞巢雲子仙遊隱其踪石岩風細跨玄鶴藥爐丹就蟠蒼龍斯人一去百餘載名譽傳播何當終結屋傍雲表不假梓匠功曉看霞縹緲暮愛烟溟濛清髙恰似廣寒府虛敞不讓蓬萊宮左携純陽子右挾謫仙翁乾坤浩大

寧有終白雲千里萬里長相從頓覺塵世紛擾擾
仙家之樂恒無窮憶昔盤古氏無爲年壽豐汙尊
抔飲事清儉衣冠自是殊凡庸嗟哉今人尚侈靡
安得復古回淳風

月夜烏

君不見慈烏禽昔人比擬爲曾參吾當夜靜挑書
卧忽聞枝上啼哀音哀哉世間人不及烏中烏毋
子恒相憶相見復相呼禽鳥尚知孝人類反不如
撫卷喟然三嘆息丹青好爲圖新圖

題鷹

君不見韝上鷹一飽則飛掣金眸玉爪勢雄壯翺翔萬里無休歇翅翮裁雲上碧霄老拳摯搏眞雄豪本是飛騰物籠中反被牢他時得遂青雲志穴中狐兔那能逃

冬日述懷

長空漠漠布彤雲畫閣簾垂獸炭溫窗前急雪舞繽紛朝來寒氣靄氤氳淨几消閒看典墳傾美醞兮開芳樽此中風味與誰論檻外寒梅開玉蕊座中時有暗香聞揮毫謾寫蘭亭字筆法應思王右軍鼎中茶煮靈芽美爐內香清寶篆焚遣興倚闌

歌好句一聲長嘯驚龍門

秋懷

秋江浩浩丹楓老秋山隱隱霜華早銀床金井碧梧凋白鴈南征湘水曉峯巒雲散望中橫玉削芙蓉插晴昊高樓閑靜心自清滿目秋光動懷抱秋風颯颯鴈來歸搖落園林木葉稀客裏不禁衣袂薄況逢歸棹當斜暉

詠梅

冰肌玉骨元無價孤山春信來清夜仙姿何處寄幽香黃昏淡月疎籬下月移瘦影動吟思香度天

風拂面吹携節綏步過花底恍疑仙子來丹墀

南樓感興

登南樓兮望青山飄飄拂面天風寒西顧崑峯幾千仞東觀滄海離壁霥憑凌高檻倚空碧俯瞷江流去何疾雲散長空玉宇清滿襟清氣和烟濕日出扶桑照水紅羲和攬轡乘六龍雕甍朱户霞絢采恍疑路與蓬萊通須臾四野陰雲起咫尺乾坤烟霧裏倏忽神龍送雨來萬壑千巖淨如洗錦江春色壯遊觀我欲放棹於其間老子騎牛巴仙去相如題柱何時還蜀天長接吳楚永鎮家邦千萬

古同與生民樂茲上

嬉春次韻 二首

春日遲遲春水綠飛下橫塘雙屬玉風動花枝散
異香隔簾絃管調新曲園亭春早啼嬌鶯高樓百
尺雕朱甍綺筵羅列佳肴馨象床玉几相輝明葡
萄新醞傾銀罍瑳箏錦瑟常和鳴醉來亦任玉山
倒神思飛動只疑身世登蓬瀛

深宮日暖春晝長百花吹送和風香朱簾翠箔垂
不捲燕語鶯啼空斷腸錦亭二月韶華好聊自舒
情飛羽觴遍倚闌干觀麗景瑞雲散影連宮墻草

色翠交青瑣闥爐烟裊裊浮紗窻幾對采鴦臨水浴一雙丹鳳隨風翔此時好景添詩興筆掃烟雲墨色光

雲林清隱

雲林清隱即神仙篋中不貯青蚨錢樽有酒座無氈細閱南華內外篇丹成龍虎伏騎鶴青雲邉屈平甘死汨羅水伯夷絶食首陽顚有時得句無人和只與樵子談數聯自喜紅塵飛不到方床石枕抛書眠誰識仙翁有眞樂陶然自醉壺中天

山水圖 二首

百尺高樓倚碧天望中青翠如雲烟古松夭矯虬
龍覆水流汩汩山巍然嶙峋峭壁萬仞倚空碧疑
見匡廬瀑布飛寒泉崎嶇石棧轉林曲下赴谷口
通平川筏次乘閑一相過山高路遠難攀緣松間
閑逸二三老厖眉皓首皆神仙麋鹿啣芝來獻瑞
白鶴飛舞時蹁躚不知人間何處有此境丹青點
染分精妍君不見馬公生意特神妙筆端指授皆
心傳見君此圖三嘆息為君揮灑金花箋
巍峨峭拔排晴空亂山重疊金芙蓉烟嵐縹緲分
遠近筆端造化無終窮飛湍直下寒岩裏咫尺違

參三萬里山川秀色可躋攀呂將卜築雲松底山
中勝景眞可觀道人趣在林泉閒悠然一笑紅塵
外回首落日銜西山

題蘭花竹石圖

曄曄名花無與比相依惟石山谷裏托根寧畏楚
天霜獨秀先春發深紫迎風瀟灑散清香荊棘叢
中隱君子九畹誰移在畫圖露凝綠葉丹崖滓春
芽尤喜長龍孫烟稍斜拂湘江水勁節已有歲寒
姿孫高堪作蘭石凝玉隆已老筆力遒咫尺山光
接素秋吟窻展玩添逸興千載丹青誰與儔

梅竹雙清圖

毫端倏忽生新玉眼底涼飈起寒綠何人翰墨灑銀箋寫作寒梅與脩竹自然造化出天機信手狀出孤山姿横斜宛轉有生意只許淇園君子知高堂披玩雙清圖悠然見此孤懷舒夜來一時風雨作只恐踴躍變化入水隨龍魚

題山水

亂山峭拔烟溟濛倚天削出金芙蓉峯巒濃淡分遠近筆端造化天同功山中隱者何其清默觀今古能忘形居幽地僻遠塵市人間聲利徒營營睛

窻閒來看圖畫不計春秋與冬夏漁翁把釣坐孤舟樵子負薪林木下濃墨爲爾題漸吟臨風揮灑清煩襟何當抱此綠綺琴高山流水尋知音

題歲寒圖

何人妙筆超凡俗圖出松梅與脩竹松竹尤能傲歲寒梅花冒雪開香玉婆娑月下伴幽獨瀟灑風前快今目高枝渾似蛟龍騰容萬曾經鸞鳳宿二友同盟不計年青隨羣卉逞芳妍隆冬萬木凋零後共保交情金石堅

題梅竹

恠石礧磈枯樹禿滿袖輕烟起新緑眼前如見走龍形百尺長梢生氣足君不見誰能寫此眞假蹇屈鐵回枝風雨霖嵐光雲氣映書帷恰疑身世在林麓自非筆力妙如神欲探地脉何由縮近來事少頗幽閒幾回約友去看山山堂忽見巢雲畫發興已在清林間對之慘澹動秋興寫出胷中千岩萬壑之森寒

元夜觀燈

秦樓十二玉梯橫火樹銀花燦燦明捧輦雲中祥鳳過駕山海上靈鰲行綺羅散作長春苑星斗猶

懸不夜城萬朶金蓮開紫陌雙輪香轂下蓬瀛歌聲緩起連雲遠香氣潛來襲袂輕天上蟾光明此夕人間和氣靄春榮高堂屛展開雲母畫閣簾垂晃水晶白面郎敲金鐙響紅粧人揭綉簾聽玩賞不知天早晩歸來踏月已三更

暇日竹亭書事

翠竹亭前春晝長暖風飄動百花香朱簾綠幕垂不捲靜几焚香賦短章臘雪猶含梅粉白春風已着柳梢黃朝來天氣添人思遣興消閒泛酒觴飮罷庭前閑緩步雙雙飛燕語雕梁鵲鑪寶篆沉烟

細風罥遊絲逐水狂歌管樓臺聲響亮鞦韆院落影低昂幽齋風靜紅塵遠碧殿雲移赤日光興來小閣觀書罷吟得詩成貯錦囊

南園春日

幽亭春晝景繁華行到南園去賞花暖日舒晴明錦綺東風吹帽岸烏紗一雙鷄鵝依芳渚幾個鵁鶄浴淺沙賦就新詩傾美醞吟成佳句吐天葩人中豪傑思王猛座上風流憶孟嘉翡翠日喧聲瑣琗琅玕風動影交加琴彈雅調懷鍾子韻寫高山慕伯牙緩步林泉天氣暖興來隨意樂生涯

枯木竹石

恠石礧磈枯樹禿滿袖輕烟起新綠眼前如見走龍形百尺長稍生氣足君不見誰能寫此真偃蹇屈鐵回枝風雨霂嵐光雲氣映書帷恰疑身世在林麓自非筆力妙如神欲探地脉何由縮近來事少頗幽閑幾回約友去看山山堂忽見巢雲畫發興已在清林間對之慘澹動秋興寫出胸中千岩萬壑之森寒

題梅

冰肌玉骨元無價孤山春信傳清夜仙寬何處覓奇

幽香黃昏淡月踈簾下踈簾月下動吟思暗有香風拂面吹携節緩步過花底恍疑仙子來丹墀雕闌干外紅梅放嫩蕊初開如錦障曉來旭日在花稍湘簾高捲閑相望數枝瀟灑近前庭時有清香到畫屏昨夜滿天霜月白素娥羞與爭娉婷

冬夜述懷

當仲冬之寒夜月皎皎而流光披貂裘而兀坐擁紅爐而舉觴放胸中之清興歌白雪之新章下塵榻以延客共談笑而相忘夜將半而不寐覺宵景之正長嘆時俗之汚濁兮掃汎汎之粃糠風蕭蕭

而時過兮聽竹韻之琅琅於是罷長飲開虛襟弄緱山之遺曲奏秦苑之餘音始嗚嗚而發興終嫋嫋而清心聞虛窗之雪響聽峻嶺之猿吟有客而和曰雲渺渺兮湘流長彼美人兮天一方望不見兮心彷徨于斯之際玉宇澄清星稀月明天籟有聲琮琮琤琤如幽林之虎嘯似丹山之鳳鳴予隱几而假寐覺東方之又明

夏日寫懷

當仲夏之盛暑開北窗而納涼滌煩襟以獨坐揮羽扇而揮觴極清幽之懷抱歌南風之舊章凭雕

闌而觀玩見荷沼之鴛鴦維時南風徐來沉水飄香操瑤琴以適意終白日而徜徉芙蕖花之微物知傾心而向陽何人生之不若事諂諛而取昌放浪於形骸之外慕高卧之羲皇同胡蝶之栩栩隨幻化而飛翔付蒙莊之一夢慨人物之兩志

春夜遊

庚申之春二月既望吾與二三子夜宴於桃李之芳園當此之時和風微度水光接天酌酒勸客誦白雪之辭歌窈窕之篇須臾氷蟾出於銀漢之上花香馥郁樹影纏聯按霓裳之法曲舞翠袖之翩

躚舒幽閑之懷抱脫塵世之縈纏於是罷歌舞徹
璸㵂乃神遊乎八極之表吾將訪海上之群仙

定園睿製集卷一

定園睿製集卷之二

五言律詩

清宵對月

汸鷄唧唧鳴月上晚涼生碧樹清移影銀箏巧有
聲桂香飄玉宇瓊液瀉金罍坐對清宵逈令人動
遠情

松溪晚泊

溪邊泊小舟颯颯動高秋孤鶩橫青野殘霞浸碧
流漁歌歸浦溆樵唱隔林立鼓角城頭起能生遠
客愁

秋日郊行

緩步出郊行雲收雨乍晴山蜩鳴遠岸塞鴈度邊城隴稻離離熟池荷漸漸傾閒觀郊外景携酒慶西成

過浣花溪

溪水碧漣漣秋風八月天白蘋浮遠渚紅蓼帶踈烟戲水錦鴛小臨流玉鷺鮮草堂閒眺望落日噪寒蟬

登老君臺

漫道仙家遠蓬萊有路通星壇金闕裏玉殿白雲

中老子牛何在仙人鶴唳空登臺閒適意紫氣靄
重重

秋江

秋水碧涵空長江萬里通澄澄應徹底渺渺遠朝
宗色湛虛無外光搖蕩漾中乘槎何處客直上斗
牛宮

仲秋

落葉響踈林蕭條秋意深倚闌觀鴈影欹枕聽蛩
吟挺挺松含翠團團橘綴金江城孤角起引動客
歸心

芸館書聲

虛明兩竹窻瀟灑一書房夜月娟娟淨秋風簌簌涼青燈明几案黃卷粲文章坐久情懷樂更闌興轉長

南庄秋霽

久雨喜新晴南庄望眼明野花延晚景落葉戰秋聲禾稻黃雲熟芰荷翠盖傾農夫收穫罷携酒樂秋成

聞鴈

鴈陣結成羣銜蘆度海門數行横紫塞萬里入青

雲每向邉城唳偏從永夜聞天高秋氣肅帶月下
江村

秋宵

銅壺漏點長皓月散清光皎皎金波瑩翩翩桂影
涼佳肴陳玉几美醞瀉瓊觴坐久情懷樂簫聲引
鳳凰

郊行

古木寒烟外漁歌夕照邉落霞光閃閃歸鴈影翩
翩晚稻如雲熟楓林似錦鮮農夫收穫罷樽酒樂
長年

贈學士

草詔白玉堂風生翰墨香談論明二典問對說三王日暖宮袍麗雲深晝漏長趨朝環珮響常得近清光

登芙蓉亭

八月素秋天芙蓉朶朶妍仙姿迎舞袖雅態映華筵滿座傳盃斝臨風奏管絃幽亭堪勝賞分韻賦詩篇

秋曉

睡起曉鷄啼紗窻月影低雲邊鐘韻響樓外角聲

淒對景宜觀覽閒懷任品題倚闌閑適意秋色上征衣

過玄天觀

福地喜重來登臨亦快哉蓬壺連海島雲洞隔塵埃羽客乘鸞去仙人駕鳳回談玄閒坐久欲去且徘徊

秋晴

極目倚江樓江山景物幽疎鐘天竺曉孤鴈海門秋簾捲天光入雲開日色浮郊原農刈穫香稻熟盈疇

賞菊

九月秋光暮籬邊菊正芳邀賓聯錦句與客共霞觴玉蕋迎風側金英浥露香相看吟詠久清氣入詩腸

月夜聞猿

午夜露華清猿啼月正明孤吟驚旅思長嘯動人情楚塞淒涼韻巴山斷續聲客中閑聽此欹枕夢難成

月夜怡情

月色滿瓊樓清光遍九州坐來香霧散吟罷彩雲

牧笛韻添人思砧聲動客愁舒情凭畫檻長嘯望牽牛

曉起

銅壺玉漏殘旭日上雕闌衰柳經霜瘦枯荷帶露寒川原堪遣興宇宙足遊觀簾捲高堂曉西山入望看

鷺鷥

江上春鉏鳥霜翎信可誇聯拳栖遠渚逐伴過枯槎日暖眠青草風輕浴淺沙窺魚偏得意竚立夕陽斜

江樓

極目倚江樓江山景物幽捲簾觀碧嶂俯檻對清流遠浦鯨翻浪長空鴈叫秋興来隨所寓吟罷彩雲浮

即事

早起曉霜濃簾垂畫閣中酒斟紅瑪瑙衣換紫駝絨西浦波光遠南山氣勢雄開窓閑玩久落葉舞西風

開爐

四野布彤雲爐開獸炭焚金猊香縹緲玉瓮酒亂

氳簾捲情懷逸窻明氣體温客來同坐久又得細
論文

冬夜

坐久良宵亦譙樓漏促更梅開清有影風靜寂無
聲玉几披殘卷寒窻試短檠擁爐猶不寐孤鴈過
江城

漁村

落日漁村晚青山淡夕暉溪流環草屋野燒映柴
扉釣艇翩翩去歸鴉閃閃飛江城孤角起寒氣透
征衣

訪僧居

乘輿到禪林招提傍水潯風聲飄磬遠山色入簾深竹裏燒茶鼎閒松間撫玉琴談空閑坐久落日下遲岑

早行

路轉小橋西霜寒動馬嘶疎林殘月落野巷曉鷄啼天曙銀河淡樓高畫角淒忽聞鐘韻響隔岸有招提

日晚

簾捲西山暮斜陽透碧紗半空橫薄靄遠地起清

笳片影隨孤鶩餘暉帶落霞倚闌吟詠後石呂門者
靈芽

江城吟望

極目倚江城雲開晚色晴塞鴻投遠塞牧笛度荒
坪得句情懷逸忘歸興趣清幾回凭畫檻野渡小
舟横

遊玉局觀

仙宮去路遥乘興訪王喬羽客來三島胎禽下九
皐瓊樓光縹緲絳節影飄飄此日登臨處花開萬
樹桃

竹間亭

高亭傍竹林簾捲翠森森啓牖觀黃卷焚香鼓素琴風輕聲戛玉日靜影篩金此處無塵累幽禽弄好音

夜坐

坐久寒宵永譙樓轉二更氷澌遲玉漏簾影晃金燈倘竹風生户踈梅月上欞吟餘清不寐鑪火響鉼笙

長至早朝

葭管已飛灰陽生暖律回早朝鳴鼓吹上壽奉金

盃量日添宮線書雲紀曾臺喜逢長至日錫宴醉
蓬萊

苦寒

早起霜華重簾垂曉色寒疎鐘鳴野寺畫角響塵
寨冰合雙溪水雲垂四面山擁鑪斟美酒應念客
衣單

山家

聞道山家好山家遠市塵寒岩眠野鹿峻嶺嘯孫
猿茶煮龍團餅鑪燒榾柮烟此中無俗累心意自
悠然

雪山

閑倚危樓看岷峨萬仞高雲開明日月雪積峙瓊
瑤峭接侵銀漢崢嶸接碧霄西南為保障千古勢
雄豪

冬夜述懷

萬籟寂無聲娟娟月正明漏聲催玉箭梅影上朱
甍聽雪吟詩句傳盃奏鳳笙幽懷清不寐孤鴈唳
邊城

遣使

江上雨初晴皇華萬里行離筵歌白雪美醖瀉銀

朢畫舫通巫峽青山接上京趨朝天未曉環珮響
蓬瀛

冬日喜晴

曉起喜新晴三竿愛日昇茅簷人曝背梅嶺客登
程簾捲晴光入雲開曙色明登樓閒眺望孤鴈度
滄溟

寒宵

讀罷坐方床寒宵漏點長篆消金獸冷酒泛玉巵
香竹影風侵戶梅花月轉廊夜深清興好長管弄
新腔

凍雨

凍雨未開晴飄飄拂户輕隨風粘畫檻帶雪濕雕甍肆密渾無影橫斜細有聲捲簾閑縱目西嶺雪堆瓊

松筠軒

松竹𡍩連雲幽亭近水濱清風侵座榻爽氣襲衣巾飲酒堪娛日吟詩覺有神此中無俗累不惜往來頻

夜坐

圍鑪坐夜深風外漏沉沉鼓角三更月關山萬里

心放懷歌雅調兀坐理孤琴急雪敲窻響清聲助
短吟

聞猿

夜靜聽猿啼霜寒韻轉淒號風高嶺外嘯月遠岩
西斷續驚人夢哀吟動客悽更深猶不寐野外玉
繩低

立春

春色遍郊坰風光滿錦城辛盤陳綺席美醖瀉銀
罌綵燕懸門小金花揷帽輕土牛纔擊罷春意漸
生生

人日

人日喜新晴風光肇此辰爲羨挑菜嫩剪綵縷金
新柳色看猶淺梅花落已頻香車遊紫陌玩賞樂
芳春

晴望

曉日已開晴春光潑眼明老梅含玉小嫩柳帶烟
輕趁暖尋春色臨春酌酒觥南園和氣早野外有
人耕

午坐

幽窻午坐清好鳥弄新聲竹色青連几松陰琴滿

庭名香焚石㫛美酒注銀瓶飲罷情懷樂搜詩句未成

元宵

銀漢月華明遊人隊隊行笙歌歸禁苑燈火下蓬瀛笑語喧花市星毬爍錦城良宵堪玩賞歸去馬蹄輕

早春遊望

花外步清晨陽和氣候新梅殘香尚在草發緑初匀積雪尤含凍浮烟已帶春錦江江上路早有踏青人

春寒

四野濃陰合春來雨更多翠連雲外樹紅映竹間坡薄泠侵簾幕輕寒透綺羅焚香消書齋焦尾弄雲和

春日

曉起喜新晴三竿暖日昇陽烏來海島赤暈靄龍城烘柳開青眼蒸花吐錦英遲遲行遠漢春色遍郊垌

二月朔日

曉起早鶯啼簾垂日影遲梨花舒玉瓣楊柳妥青

絲二月韶華美三春景物宜書窗閑玩罷援筆寫新詩

春寒即事

凝雲濕未乾遊客怯衣單暗鎖千林樹陰藏萬里山鳩啼天欲雨花困晚猶寒寂寞春光冷簾垂燕子閒

柳塘新水

新水長芳塘遊魚隊隊忙烟凝堤柳細風送岸花香語燕嬌呼侶流鶯巧轉簧春來晴景好吟詠謾徜徉

春風

曉日出東郊春風颭蕩飄穿花凋碎錦度柳擺長條鼓動韶光勝吹回淑氣饒園中行樂處飛絮拂宮袍

春朝即事

輕烟淡淡浮春色滿皇州花外停遊輦林間呌采留詩人吟美景俠客醉高樓却憶純陽子功名水上漚

清明

明媚韶華好清明改火辰闘雞喧紫陌走狗逐香

塵玩賞來山館遊行傍水濱笙歌聲響亮處處醉遊人

三月上日

林外曉鶯啼三春欲暮時柳塘波影細花塢日光遲遣興千鍾酒消閑數着棊倚闌吟好句佳景少人知

錦江春晚

江上雨初晴春光滿錦城畫樓棲紫燕翠柳轉黃鶯詩酒賓朋樂山川錦綉明承平好風景玩賞快芳情

柳堤晚步

閑步柳堤邉斜陽欲暮天孤城吹畫角遠野帶蒼烟宿鷺投芳渚歸鴻逐去船舒情閒眺望花外聽啼鵑

江亭春望

極目倚江亭春光潑眼明日高花影碎風暖鳥聲清翠浪浮空起漁舟隔浦橫韶華將欲暮飛絮舞輕盈

春雨

春雨潤如膏隨風入户飄郊原翻麥浪田畝長秧

苗羈旅情牢落遊人興寂寥捲簾閑坐久竹外響蕭蕭

杜鵑

何處子規聲空庭月正明催歸添客思傷別動離情故國關山遠幽窻夢寐驚猒聞啼血泪不覺巳三更

芍藥

芍藥正芳妍春光巳暮天紅葩嬌帶露翠葉嫩含煙浩態臨雕檻仙姿映舞筵佳賓同玩賞分韻賦詩聯

春夜

娟娟月影凉風送百花香珠落槐陰轉銅壺漏點長詩章歌白雪琴調奏清商杜宇啼聲切偏令旅思傷

百花潭泛舟

舟泛浣溪邊春光欲暮天落花横野墅孤鶩點蒼烟細柳含風軟圓荷帶露鮮倚闌懷杜老感興寫雲箋

喜雨

好雨滌炎歊隨風入户飄阿香車已轉旱魃雪潛

消膏澤沾黎庶甘霖潤黍苗農民應有望喜氣入歌謡

星使

持節黃華使三年得意回始從天上去仍向日邊來北極絲綸降南陲詔赦開妖氛俱洗滌弄笛任聲哀

客路迢迢去長亭間短亭千年孫嶼碧萬點遠山青臨塞觀烽燧憑空眄使星邊方絕豺虎牛馬散郊坰

對雪

急雪舞回風江山四野同瓊林明燦爛玉樹盡玲
瓏飲酒情懷樂吟詩興味濃豐年應有瑞萬姓告
無窮

定園睿製集卷之二

定園睿製集卷之三

五言律詩

和唐賢韻

穆陵關北逢人歸漁陽

漁陽初罷戰君去入桑乾途路風塵滿關山雪月寒村荒砧韻少樓靜笛聲殘故里皆零落傷心不忍看

早春寄朱放

萬里長亭路愁聞曉角悲風高木葉落露重柳條衰每聽猿啼處恒逢鴈過時緘書何處寄白首以

爲期

陜州河亭陪韋大夫眺別

何處覓通津煙花兩岸春日高山冉冉風細水鱗鱗見鷹思鄉訊聞鶯憶故人凭闌閑悵望道路暗風塵

巴南舟中

暝色帶烟昏漁歌兩岸喧斷雲橫落照孤鷺下荒村寺靜塵無跡江深浪有痕維舟閑眺望心事與誰論

宿關西客舍寄嚴許二山人

地僻人稀到山深值早秋蛩聲添客思月色伴覊
愁高隱思元亮貞閒羡許由何時得良會談笑向
浮丘

夜宿龍吼灘思峨嵋隱者

夜泊龍灘上溪聲夢裏聞窗林藏宿雨遠岫起寒
雲興動懷高士詩成憶隱君有才爲世用麋鹿漫
同羣

南亭送鄭侍御還東臺

名題翰墨香白首尚爲郎對酒欣同席論文喜共
床水流江不盡人遠路何長別後思君處東臺冷

漸霜

南溪別業

欲識幽居樂窻開見綠疇移家依竹塢結屋傍溪流魚躍清波動鶯啼宿霧收甘貧忘勢利度歲任優游

江南旅情

久客悲霜鬢秋風着柳條捲簾觀塞鴈伏枕聽江潮海闊鄉書遠天高望眼遙羇情吟不盡何處是藍橋

泊舟盱眙

晚泊淮河上

波澄夜景清艤舟驚巨浪縱目眺層城渚靜鷗頻浴林深鳥亂鳴悲笳何處發引動故鄉情

冬日野望

天高寒氣盛雲散曙煙收樹色連巴汶江聲入楚流多情思舊隱有意念同遊極目傷懷抱何能解客憂

早行

鼓角江城曙風清曉更涼殘星垂遠漢落月照清霜駐馬長亭外聞鷄古路傍偶然回首望雲樹暗

江鄉

送膰公

與君一別後何日抱琴來富貴心無戀功名念已灰禪餘林雪霽今罷岳鍾回明宿逢相憶星光接上台

暮過山寺

清溪曲抱村路向小橋分池淺還容月山高不礙雲棲禽猶未定孤塔獨超羣寺僻人稀到鐘聲入夜聞

懷永樂殷侍御

種菊依荒逕開軒傍竹陰山田因石瘦茅屋帶煙深名著儒宗裔聲傳翰墨林何時得良會痛飲復長吟

韋處士山居

行歌得意歸無事掩柴扉溪草侵沙長山蔬帶雨肥林深雲最密路僻客應稀此際懷幽隱緘詩寄布衣

瀑布寺貞上人院

秋晚聽寒蟬山光接暝煙林深微有逕琹古久無絃牕隔啼猿樹岩飛飲鹿泉僧閑忘勢利高卧送

流年

送龍州樊使君

廟堂咨上策才思若爲深晝戟臨邉郡朱幡出遠林前程期萬里聲價抵千金政暇閑行處江山一助吟

送人尉黔中

宦遊趁峻嶺舉棹向三巴峽遠雲迷樹灘高浪起花醉來看寶劒貢入有靈砂政簡無餘事閑中閱歲華

道院

步入琳宫裏縈迂一逕深天香浮玉宇瑞色靄琪林松塢鳴玄鶴芝壇啄翠禽常居清淨處人世任浮沉

終南別業

草堂連別墅石逕接山陲市遠稀人到家貧只自知詩吟雲起處琴弄月明時堪稱幽栖樂功名未可期

晩泊潯陽望香爐峯作

晩到潯陽郡佳山喜見逢維舟臨野岸極日有孤峯煙暝迷幽處雲歸失故蹤江邉人語靜遠寺數

聲鐘

茶人

天産靈芽秀惟鍾穀雨姿龍團和露採雀舌候春期山遠步尤健林深路更危幽齋自烹啜清味有誰知

尋陸羽不遇

路入深幽境田園少種麻到門逢白鶴遶逕見黄花不省仙何處那知客到家翩翩歸騎遠但覺夕陽斜

軍中醉飲寄泥劉八叟

松風酒後清脫帽向沙汀油幕吟還和軍牙醉又醒狂歌懷李白嗜酒羨劉伶此日頻相憶飛鴻入杳冥

題江陵臨沙驛樓

秋色動羈愁閑登驛外樓踈鐘天竺曉孤鴈海門秋回首嗟時晚傷懷厭客遊倚闌閒眺望風景似瀛洲

送耿山人遊湖南

飄然似野僧歸計有湖菱適興雲隨杖忘情月照曾好山尋道友遠塔見禪燈向別幽栖處吟詩寄

未能

宿巴江

信宿巴江上灘聲急鴈弦閑心思往事華髮嘆流年萬籟鳴長夜孤舟泊遠天推蓬閑適意月色滿歸船

送延陳陵法師赴上元

話別滄江上吾師有道緣入山常見寺無曆不知年竹杖擔秋月芒鞋破曉烟一塵渾不染說法古壇前

送從弟歸河朔

河朔初經亂家邦爾獨歸山光明曠野秋色上征衣日落江城暮風高木葉稀倚闌常盼望天外鴈鴻飛

喜晴

久雨已經旬天開萬物春遠山晴更秀嫩柳暖還新太昊回陽馭羲和駕日輪舒情閑縱步正值賞花辰

茅山

煙迷石洞門暝色靄難分山峻人無跡松高鶴戀羣石泉通遠澗藥圃護秋雲坐喜無塵慮緘題寄

隱君

山中流泉

寒岩飛瀑布題詠始留名落磵跳珠影懸空漱玉聲近流山色淨遠瀉練光平策杖閑觀處銀河一道清

冷井

徑路偏幽僻誰知古有泉水凝秋草畔甃傍綠苔邊寒脉稀人汲清光浸月圓欲知深幾許長綆百千年

僧舍小池

清流透竹根疊石長苔痕細藻深藏鯉微波淺飲
猶開窗來爽氣接磵引寒源僧老無餘事樸嚴雅
稱翻

聞笛

夜靜天如洗風清笛韻哀數聲雲外散一曲月中
來河漢疎星見江城宿霧開淒涼添客恨吹落壠
頭梅

感秋林

極目山容淺淒涼景物殊霜晴知野逈木落覺村
孤寂寞難棲鳥蕭疎不蔽烏那堪秋色裏人世幾

榮枯

杏花

曉露滴花稍晴霞絢穴寥奇葩凝宿霧嫩蕊媚春朝落處碎鋪錦開時繁綴條倚闌閑玩久艷色上分饒

孤鴈

雲淡秋天闊哀鳴何所之信傳青塚遠飛度碧山遲日落孤音急江澄片影隨倦投空渚宿失伴自相疑

詠雨

飛灑向軒楹飄然暑氣清嫩凉生枕簟爽氣入江城沾幕疑無跡敲窻似有聲興來隨所寓染翰寫閑情

定園睿製集卷之二

七言

壽永川王

千秋令旦値清秋、海宇康寧萬物收、瑞日光輝明寶殿、慶雲富麗繞瓊樓、寶爐烟靄龍香細、仙樂音飄鳳吹悠、稽首遥瞻三獻祝、願躋仁壽樂優游

賀冊封

天開西蜀立封疆　聖主臨軒治具張、玉葉傳芳仙祚遠、銀潢衍派慶源長、關雎德化興　王國、儀鳳綸音出　帝鄉、稽首　君親多福壽、千秋萬載

鎮遐方

存耕軒

耕讀謀生樂治平身居畎畝遠浮名劬書篤志宗
儒業潔己無心戀世情甕裏酒香留客醉座間詩
就與人評父菑子播相承久歲歲深秋慶有成

書齋閑詠

幽居瀟灑遠塵寰窻户虛明對雪山樹底落花香
汎汎林間幽鳥語關關潛心孔學應無倦適意虞
琴肯放閒須信尊賢忘勢利行看禮樂繼河間
卜築幽深地位高長松脩竹翠週遭嵐凝曉色開

青嶂花吐春香綻碧桃拂檻好風生几席捲簾清
氣入吟毫聖經賢傳娛長日爲學孜孜不憚勞
玉樓深處隱仙居瀟灑軒窻畫不如來往交游無
俗士笑談契合有鴻儒因思許紹評人物堪嘆揚
雄賦子虛世事勞形成底用清閒閉户只觀書
瀟灑幽居地自偏無慾無慮度長年囊中隱智奇
毛遂醉後留題慕謫仙壯志豈容塵俗溷剛腸不
受利名牽焚香淨几觀書罷時向南窻任意眠

賞雪

大地如銀玉作堆高齋宴賞酌金杯豐年景象頻

頻見盛世禎祥滚滚來皓鶴翩翩翔碧落素娥莅
蕭下瑶臺上天自有生民意故遣琪花春後開

中秋

玉宇無塵午夜涼喜逢佳節醉壺觴氷蟾有影來
仙島銀漢無聲接帝鄉露氣飄飄侵座榻秋風颯
颯透衣裳應思李白多豪興一問詩成字字香

聽松軒

閑聽松風響翠濤蕭蕭瑟瑟捲秋潮奇音恰似鳴
湘管雅韻渾疑奏舜韶歌罷小窻來遠吹夢回孤
榻起清飈晝長徙倚闌干曲吟得詩成染兎毫

竹軒

卜築幽深傍竹林六窻虛敞翠森森潛心久坐觀青簡淨几閑來鼓素琴簌簌風生聲戛玉遲遲日轉影篩金應知此處無塵累肘後奇方仔細尋

天香樓宴

深秋桂樹影婆娑坐對移時趣轉多高士忘眠知夜永佳人低唱弄雲和飄飄紫霧浮簾幕拂拂香風透綺羅百尺高樓同賞玩肆筵酣飲興如何

和永川王瑞雪吟

昨宵四野彤雲合喜見琪花徧界開寒氣襲人凝

碧殿祥光絢日覆蒼苔渾如羽士乘雲去宛若仙
人跨鶴來今日蒙恩聞睿語他年再奉壽堯杯
連日慶雲陰黯黯羣仙頃刻放花開樓臺遠近成
瓊玉階砌高低失翠苔豐稔應期從地出禎祥有
感自天來何時再奉賢王宴願賜流霞萬壽杯
須臾萬里彤雲布頃刻瓊葩散漫開玉屑着衣輕
有暈琪花覆地淨無埃尋梅莫道無人去煑茗應
知有客來天下太平恩澤溥不妨今日上啣杯
曉起長空瑞雪飄俄看臺榭盡瓊瑤隨風踈密粘
雕檻帶雨繽紛點綉袍人愛春花爭爛熳我知年

轂最豐饒衢寒剩有吟詩客策蹇尋梅過灞橋
雪似瓊葩處處飄自從人日過元宵冷侵蓬島凍
雲合光奪銀河瑞氣饒玉殿通宵開御宴金門徹
曉奏仙韶幾回仰首瞻龍衮壽祝邦家歲月遥

元夕觀燈

龍樓月上九門開耿耿銀河接上台五夜笙歌喧
禁苑一天星斗燦蓬萊香風細逐遊人去淑氣潛
隨暖律回乘興偶同仙友樂金蓮花底酌金罍

壽詩賜退思軒主者

五色祥雲擁畫堂壽星端拱福無疆蟠桃遠自瑤

池獻火棗須從閬苑嘗敬事　親藩稱俊彥忠懷
睿主美賢良内臣忠厚無如爾秉直剛方慕呂強

平痍堂

醫國醫人世所稀　睿恩給扁賜平痍董仙舊積
陰功厚江氏令承寵渥私肘後青囊頻撿閱案頭
金匱細尋思寄言眾宇爲醫者務盡忠心　聖主
知

千秋令節

千秋佳節值重陽海宇清寧物阜康南極老人開
壽域西池阿毋獻瓊漿玉樓瑞氣氤氳現寶殿祥

雲縹緲揚稽首敬思東北望何時重捧紫霞觴

簡鶴庵道者

高臥林泉謝世紛人間塵事不相聞棲眞幽谷年將遠洗耳清流日已曛北苑鳥啼春煮茗西風鶴唳夜巢雲七松處士應同調幾欲相過訪隱倫

山中無曆不知秋高臥寒岩樂自由方寸空來還警省大丹養就更精修久諳利祿人間夢謾說功名水上漚草座麻衣無外事先生意不在封侯

子陵高潔孰爲儔晦迹韜光得自由適意掃苔岩畔坐忘情徐步水邊遊山中淡泊味無限天上榮

華夢已休只恐雲林幽僻處九重仙詔覔羊裘

御賜經閣

象教從來世所尊　聖明日月照乾坤幸頒貝葉
臨藩國更賜琅函出禁垣瑞氣騰騰籠寶殿祥光
燦燦耀祇園太平　天子行仁惠萬姓均霑化育
恩

賜醫者

幽居僻在錦城東暘谷陽昇爽氣通察脉久知諳
奥義折肱應許見奇功清時惕勵全生命早歲勤
勞侍睿躬知子素心存惻隱博施妙藥拯疲癃

杏林深處

滿林紅杏爛晴霞知是全嬰處士家藥用君臣明至理劑分佐使極精華蘇耽姓字當時著董奉陰功後世誇今見親藩門氏子常存仁恕樂生涯

伏覩御書

天語遥聞降九重維城拜命仰帡幪服膺彝訓銘丹府頓首彤墀竭寸忠崑嶺祥光增燦燦親藩喜氣正融融予生亦在宗枝末幸沐君恩雨露同

壽逸樂翁

人生七十古來稀況值童顏八十時九老畫圖今

又見千秋金鏡舊曾知趨班頓首朝金殿事　主
承恩賜玉巵仙友徘徊歡樂甚年年此日慶厖眉

初夏即景

日麗江山景物多黃鶯啼處好音和縱眸晴見崑
山雪拂檻涼生太液波流水半溪環竹逕落花滿
地覆烟莎焚香自取瑶琴操一曲薰風解愠歌
曉天好雨濕空階山色如圖雨後開浩蕩塵寰
眼界清和景物壯吟懷影隨玄鶴雲邊過聲送倉
庚柳外來試鼓冰絃消永晝南風一曲阜民財
殿閣深沉一炷香綠槐陰密覆回廊消閑只可圍

棊局適興還宜泛酒觴拂拂薰風催麥熟纖纖細
雨着梅黃闌干倚徧忘情處時見金鶯葉底藏
麥秋時節晝初長天氣清和風自涼芍藥當階翻
錦綉倉庚隔葉弄笙簧緩吟有韻詩千首浪撫無
絃琴一張徙倚雕闌無限意碧筒酌酒嗅荷香
梅雨初晴四月天榴花如火柳如烟風輕簾幙飛
新燕日薄林塘噪暮蟬葵蕚傾陽開滿院秧苗出
水長平田清和景物添詩興淨几焚香奏五絃
雨過亭臺喜晚涼鳳仙花發映紗窻松間拉杇烹
茶鼎竹裏陶貞倒酒缸喚友黃鶯聲恰恰呼雛紫

燕語雙雙營營世事徒紛擾退步歸山羨老龐
長養薰風四月初一窻新緑鳥相呼烟籠芳樹如
帷幄雲聳奇峯似畫圖沙上雨晴鳧傍毋簷前日
麗燕呼雛幽居寂靜無人到琴調書編足可娛
小齋無事日高閒捲起朱簾望碧山錦水一江縈
翠縠雲山萬疊擁銀鬟頻聞燕語雕梁上時聽鶯
啼緑樹間新茗烹來延客坐笑談傾倒足徜徉
緑槐庭院午陰涼首夏清和晝景長雲捲郊原翻
麥浪風薰田畝長新秧雷聲忽送千山雨花氣潛
飄百和香靜坐小窻尋好句鶯啼燕語勝笙簧

晩眺

溪山日暮淡斜暉隔岸人家半掩扉小艇收綸依渚宿羣鴉接翅望林飛已看新緑村前暗漸覺殘紅雨後稀躭玩韶華心目爽東山月出尚忘歸

寓興

風和日麗錦官城四顧山光紫翠明大澤魚龍爭變化長林草木正敷榮鴈來鴈去知時節花落花開見物情眼底濟川人不見淡烟野水一舟橫

郊原秋望

禾黍離離緑滿疇西郊暢望豁吟眸平原牧豎橫

羌遂極浦漁翁纜釣舟橘柚吹香增暮景蒹葭挾雨戰清秋披襟俯看人間事盡逐長江滚滚流

書懷

忽聞林外錦鳩啼喚起西山雨一犁灼灼夭桃開逈野茸茸芳草被平堤百年光景頻更改萬里江山入品題十載芸窻勤苦志待時擢桂躡雲梯

牡丹

宮庭日麗景繁華愛看姚黄魏紫花綽約仙姿凝曉露妖嬈國色散晴霞盛開内苑春偏好醉倚東風日又斜追憶沉香亭上景詩名贏得後人誇

年年三月殿春光翠葉紅葩爛熳芳曾說仙姿誇
魏紫更聞異品重姚黃東君須借陽和力西子羞
看宮樣粧自是天恩偏厚爾世人稱號百花王
牡丹開處媚春光金縷檀心折錦囊未許芙蓉同
艶麗常留芍藥侍邊傍嬌嬈映日開殊色馥郁臨
風散異香繡轂遊人爭玩賞笙歌庭院泛霞觴

隱者

閑向林泉覓隱倫始知塵外有遺民千鍾利祿難
移志半點紅塵不到身隨口成詩消俗慮放懷酌
酒樂天眞有時嘯傲山岩下散誕逍遙一幅巾

幕天席地草爲茵長短詩成自有神沂水乘涼思哲士蘭亭修禊憶賢人布衣不喪平生志林屋惟存一臥真日午高眠窻牖下逍遥還有葛天民

喜雨

好雨知時滋萬物郊原枯槁復蒼蒼頓令淨几琴書潤應使虛窻枕簟涼麥浪翻青連曠野槐雲漲緑覆回廊豐年有兆吾心悦惟願農民樂壽康

睡覺應知夜雨多更看簷溜似懸河名花滋色紅連樹芳草回枯緑滿坡且喜新涼生院落更誇甘澤潤田禾四方無事民安樂處處惟聞擊壤歌

漁

千尺絲綸下釣鉤百年生計一扁舟短蓑細雨湘江晚長笛輕風楚澤秋渭水肯教閑鶴髮嚴灘未許老羊裘傍人莫訝機心少榮辱無干只自由

樵

伐木丁丁山更深斷崖曲徑杳難尋負薪歸處雲隨擔荷笠行時雨濕襟仙洞沉沉觀客弈春山寂寂聽猿吟會稽太守今何在自許浮名不係心

耕

布谷知時應候鳴一年農務正關情贏牛領犢溪

南放老父呼兒隴上耕芊野地寬應有樂歷山世
遠尚留名田神賽罷爭喧笑樽酒村村自送迎

牧

東郊雨過占茫茫村北村南路更長載笑載歌臨
古逕相呼相喚過平岡午依深樹眠芳草暮跨羸
牛背夕陽却嘆紅塵名利客一生豈解識農桑

覲日堂爲盧儀賓題

化日舒遲照萬方高堂舉首仰清光朝廷賜第天
恩重甥館題名睿翰香注目正如臨上帝傾心常
喜近東皇夙興夜寐當圖報葵藿輸誠愧未遑

林泉隱人

懶散無拘樂有餘數椽茅屋足安居風清閑户彈焦尾晝永鈎簾閱古書美玉終須爲國器良駒孚久困鹽車林泉未許幽栖穩行見徵書到草廬

寄栖閑隱人

日落長林噪暮鴉柴門深閉息喧嘩一溪新水明殘照數點征鴻背落霞後圃雨餘鋤品藥東山春暮摘新茶何當援受栖眞訣擬向靈源一泛槎

漫興

閑向春江採白蘋杖藜徐步漫嬉春陽坡嫩茗芽

堪摘幽澗埶蘭佩可紉相府豈無投刺客樵林亦
有讀書人浮名薄利形骸外最愛風流賀季眞

南樓遠眺

騁懷遊目上南樓霧靄嵐光檻外浮萬頃滄波迷
釣艇一篙新浪起眠鷗朱簾捲月時當夜畫棟連
雲序屬秋好景無邊題不盡還如庾亮在荊州

三香圖

瓊骨仙人色更鮮梅兄桂友共盤旋湘波浩蕩氷
容潔寒露清零玉鏡圓解佩寄情春寂寂援琴對
影月娟娟三香圖作多清絕不假丹青出自然

和西軒遊草堂韻

乘閑策馬出南庄吊古尋春過草堂西望崑山含白雪南行浣水接滄浪忠臣每欲修封事愛國應知有諫章耿耿芳名垂不朽日星千載麗文章

迎詔

遠勞天使到西川一紙黄麻萬里宣黎庶感恩歌德化臣僚喜慶聽綸言日星燦爛華夷見雨露沾濡草木妍萬古崑峩爲保障親藩共享太平年

和光澤尋樂吟

富貴榮華一夢空自家尋樂意無窮情隨流水渾

無跡心與浮雲去絶蹤默坐身心常警省悟來理
事自融通捲簾一笑開青眼隔岸桃花有麗容
詩書萬卷費心思原道文章憶退之境界空時無
限量工夫到處却平夷風雲會合開黄道辰宿循
環拱紫微宴坐空堂離取舍忘言渾不計吾誰
林泉瀟散樂閑心此樂還從樂處尋悟徹虛玄情
淡泊洞明覺幻趣淵深境幽不許囂塵入欲盡寧
容俗慮侵到此了然明祖意好風自至滌煩襟
悟來義理自通明看到炎涼幾變更倏爾忘情神
氣肅灑然脫體夢魂清一溪秋水風波淨萬疊春

山草樹生尋樂樂中非可樂免教塵世掛浮名
身居畎畒樂簞瓢玩易能知動靜爻的意傳來深
杳杳虛名落處甚寥寥汪洋萬派從東逝環繞明
星向北朝銀漢平分天界闊一輪蟾影掛松梢
肯容一念雜靈臺不二門中慧眼開甘分林泉離
薄俗竟無車馬到空齋光風遠近連孫禰霽月分
明奚素懷大筏一朝登覺岸險忘峭壁與顛崖
體態如愚道不愚身栖物外悟玄機講明性理心
洪遠徹悟玄虛意緝熙猿鶴有時窺几席松篁無
數繞墻圍忽然撥碎疑團子空闊襟期絕所爲

行行行處絕追尋樂在簞瓢快我心歸隱林泉名利斷栖眞巖壑道機深滿前世事任千變一味禪宗抵萬金了了了兮無可了到家不用指南鍼

雲林深處樂眞閑此樂還同陋巷顏狡兎有謀三窟小拙鳩無計一枝安淵明入社來何暮子晋吹笙去不還要識衲僧端的意耳中能聽眼能看

胸中顏樂浩無際樂處還從見處來頓悟眞空全脫落究明妙旨絕疑猜眼開不見菩提樹心悟絕無明鏡臺坐穩蒲團觀化處利名元是禍胚胎

謁和園

披星戴月出南郊極目前途數里遥重疊峰巒青
隱隱髙低樹木碧迢迢烟迷遠水龍歸海雲慘長
空鳳返霄咫尺親顔如在望衷腸寸折思寥寥
一別音容二十年舉頭顒望淚潸然寢園樹木龍
葱茂朝殿丹青煥爛鮮恩德不忘懷厚土劬勞難
報感蒼天幾回欲去頻留戀無限傷心在目前
龍蟠虎踞擁立陵鶴膝蜂腰宛似城烟暝翠岑天
色淡雲連碧沼水痕平遠途悵望偏傷意回首悽
凉倍慘情縱有彩衣何處戲蓼莪吟罷淚泠泠
無限傷心起孝思思親不復覩容儀常懷膝下佳

言訓敢忘宮中自撫携再詠遺詩思湛露難將寸草報春暉旨甘縱有難爲養瞻仰金閨但涙垂淋漓好雨響松楸欹枕忘眠總是愁一宿寢園情怏怏復登歸路思悠悠燈檠影裏書長些鈴鐸聲中報夜籌自捧金棺藏厚地邦家福慶永傳流

漁隱

終日持竿坐釣磯人間世事不相知馳名海宇渾無意放志江湖自不疑浪靜嚴灘山掩映風輕渭水景清奇得魚換酒眞堪樂肯戀浮雲好爵縻

紫薇晚酌

閒上幽亭納晚凉紫薇花下坐斜陽呼童瀹茗聯詩句與客同游泛酒觴脫帽忘情揮羽扇披襟縱意據藤床此時正喜浮瓜熟自取金刀剖蜜房

送隱者

聞說桃源去路長水光雲影兩微茫山中有樂公御小洞裏無風枕簟凉常聽漁翁歌欵乃偶逢樵子說荒唐忘情漸覺紅塵遠歲月消磨入醉鄉

春景

寶殿微明瑞氣融三陽交泰物亨通木痕化雪初回綠春信傳梅已破紅藩國文風多俊秀聖朝典

禮極尊崇君臣際遇唐虞世永祝皇圖樂歲豐

夏景

淡靄輕烟玉漏長書齋無暑自清涼短長適意揮詩筆深淺陶情醉酒觴雨過槐陰侵榻潤風來花氣襲衣香北窻高卧思元亮清夢何曾入帝鄉

秋景

金風入樹葉辭柯眼底光陰似箭過晝短不堪閒急杵夜涼已復見明河金盤應節承新露堦畝呈祥熟瑞禾無限好懷何處托興來撫景自吟哦

冬景

嚴凝霜信冷侵門暖閣紅鑪獸炭溫鴈陣驚寒天
欲暮梅花映雪月將昏白家意趣琴三弄無限光
陰酒一樽散盡凍雲天萬里遥瞻北極荷昰恩

題雲林清隱圖

山勢岧嶤倚碧天仙家樓閣翠微連數尋松蓋摶
陰厚幾樹桃花麗錦鮮巖畔白雲長縹緲屋邊流
水自盤旋村橋西路携琴上鶴髮童顏雪滿顛
咫尺峯巒入杳冥晴嵐濃淡望中橫參差烟樹蔵
茅屋重疊雲山列畫屏天外霞飛開曉色林間風
起作秋聲道人自得林泉趣斷隔塵埃户不扃

題魚

蕩漾波光戲錦鱗長江水色淨無塵揚鬐潑剌翻
清浪鼓鬣彷徉隱翠蘋散漫自來還自去浮沉相
近復相親何人識得濠梁樂莊惠同心物外人

定園睿製集卷之四

定園睿製集卷之五

秋興

蕭蕭葉落故園秋曉起西山爽氣浮遠望碧天連野水閑看白鷺下汀洲人間砧杵敲殘月江上蕁鱸動遠愁畫角孤城聲哽咽淒涼一曲思悠悠

喜晴

西山木落雨初收萬里雲開爽氣浮金井碧梧飄玉砌海門紅日上瓊樓閑看鴈隲天邊字細聽蛩吟戶外秋畎畝離離禾黍熟黎民歡慶有歌謳

秋江送別

錦江秋水色澄清萬里橋邊送客行花妥離筵歌白雪盃浮美醞瀉銀罌翩翩畫舫過三峽隱隱青山接兩京準擬趁朝天未曉珊珊環珮響蓬瀛

秋原晚眺

落日郊原去路斜牧童横笛晚歸家殘霞幾縷明天際孫鷺雙飛到水涯南畝離離熟禾黍西風瑟瑟動蒹葭楓林霜葉紅如錦倚杖相看興自嘉

聖節

六龍飛御下層霄寶殿巍峩瑞氣飄飖炬光中朝聖禹嵩呼聲裏祝神堯瑞雲恩澤開華宴儀鳳歡

欣奏九部四海戎夷歸至德梯山航海路迢遥

題山水畫

萬疊雲山擁翠屏一溪流水靜無聲蒼松偃蹇如龍影怪石嵯峨似虎形適興或時觀鶴舞忘情終日撫碁枰仙家自有長生樂隔斷紅塵戶不扃

題竹鶴畫屏

翠竹蕭蕭鳳尾長仙禽丹頂雪衣裳紅霞映日天光暮碧水盈堤夏景凉芳草芊緜敷嫩色野花無數散清香良工點染成圖畫佳景移來近玉堂

秋山訪友

木落天高鴈字斜閒來緩步到山家開樽飲酒情偏逸對榻論文興轉嘉報國有心瞻北闕懷人無意讀南華芸窻坐久忘塵事汲取清泉旋煑茶

松溪書舍

松溪月色浸波光坐對書齋玉漏長屏掩青燈明几案琴彈白雪和詩章忽聞雲外鳴鴻鴈靜聽林間語鳳凰無限好懷清不寐携笻緩步漫徜徉

秋雲

悠揚出岫本無心化作奇峰接遠岑觸石有時來海嶠從龍隨處施甘霖金枝玉葉祥光燦鳳翥鸞

翔瑞氣森曉日彤樓明五色凭闌閒翫助清吟

九日

東籬不覺又重陽携酒登高興自長彭澤把盃陶令醉龍山落帽孟嘉狂詩題彩筆南山句身佩紅萸古錦囊眼底秋光今已晩滿林楓葉染清霜

南山秋色

南山秋色兩相高萬里晴空見羽毛紅葉霜酣粧暮景蒼松風撼捲雲濤嵯峨萬壑秋容淡峭拔千峯爽氣饒曉起捲簾閒縱目滿襟清趣在吟毫

深秋寓意

西風吹送白雲飛搖落園林萬木稀笛韻誰家吹古調砧聲何處搗寒衣登高覽結舒懷抱緩步逍遥暫息機客裏不禁衣袂薄況逢征鴈向南歸

松庭散步

散步松庭爽氣清松風颯颯戰秋聲恰疑滄海蛟龍走又似丹山彩鳳鳴遣興倚闌聽雅韻開懷隱几樂閑情霜寒草木皆零落惟有高標傲雪榮

篔簹深處

篔簹深處有幽居瀟灑軒窗晝不如翠色連雲浮几席繁隂和月映琴書幽懷毎自歌淇澳好夢頻

頒到華胥六逸當年曾會飲清風千載播名譽

初冬書懷

暖閤紅鑪獸炭添玉壺香醞喜先拈雲開曙色明青瑣風散晴光入綉簾流水半溪堪眺望好山一帶足觀瞻吟餘白雪陽春句日轉南窻興未厭

小雪即景

鴛瓦霜華濕未乾曉來愛日破嚴寒幽庭古栢龍鱗翠上苑山茶鶴頂丹講罷芸窻臨晋帖吟餘石鼎煮龍團鉤簾試看空青外萬疊嵯峨兩目間

梅窻月夜

芸窻坐見梅花發午夜令人興趣多碧落月生微
有影銀河雲淨淡無波巡簷索咲香侵袂俯檻閑
吟色滿柯三弄瑶琴猶未了隔簾誰和洞簫歌

月夜聞箏

萬里無雲皓月明誰家庭院按銀箏恰疑遠水遊
魚躍又似叢臺舞鳳鳴風靜指端聲響亮雨餘絃
上韻淒清聽殘緩步瑶階下颯颯奇音動客情

江天暮雪

四野彤雲翳遠天長江水色碧漣漣閑觀極浦如
瓊樹靜看平堤似玉川汀葦亂搓寒照外沙鷗閑

泛夕陽邉推篷吟望瀟湘景月掛長空雪滿船

大雪後書懷

長空渺漠凍雲飛凛凛寒光欲暮時暖閣紅鑪燃獸炭玉壺香醞泛金危隨風密灑粘雕檻帶雨輕飄入錦帷玉樹瓊葩堪賞翫鈎簾對景寫新辭

仲冬即事

曉起雲開曙色晴曈曈紅日照簷楹圍鑪飲酒情偏逸呵筆題詩興轉清雪映嶺梅開玉蕊風搓林木戰寒聲等閑撚指光陰暮實鼎焚香閱聖經

雪晴

六出飛花舞朔風曉看庭樹玉玲瓏覇橋驢背詩
懷壯金帳羊羔酒力濃宇宙恍疑銀色界樓臺恰
似水晶宮捲簾試看山川景都在清吟興趣中

聖節

日上彤樓瑞靄飄颻颻喜氣襲龍袍衣冠拜舞瞻
神禹臣子嵩呼祝聖堯玉殿通宵開御宴金門清
曉奏簫韶只今四海歸皇化萬里梯航道路遥

圍爐小酌

梅瘦枝頭已着花坐來清興浩無涯圍爐滿泛羊
羔酒掃雪閒煎雀舌茶綵筆詩題新句美錦屏香

梟翠烟斜酒酣一曲陽春調不覺瓊林噪暮鴉

松溪月夜

松溪月影弄清滄閑泊扁舟[illegible]淥雲冷山中聞虎嘯風生澗底聽能吟松逕[illegible]客題詩句隔浦無人擊暮砧萬頃滄波連遠漢此身渾訝在瓊林

冬晴

雲散天開曙色晴内園風景恍人情霜融萬瓦寒光潤雪霽千林曉氣清翡翠雙飛瓊樹小鴛鴦羣浴碧波輕幽亭閒揭朱簾翫獨有江梅綻玉英

小寒

彤雲密布遍山川暚閣圍鑪雪滿天濁酒邀賓當共飲新詩與客每同聯衝寒放棹思王子策蹇尋梅憶浩然不覺年華將欲暮小窻閑坐讀遺編

瀟湘夜雨

湘江風起浪花浮夜雨淋漓宛似秋野廟荒涼依樹裏古碑剥落倚山陬靜聞竹韻蕭蕭響近聽江聲滚滚流吟罷推篷閑適意九嶷如黛動離愁

慶壽

嘉平喜遇千秋節侍宴華筵奉玉觴雉尾日移宫扇影龍亭烟裊御鑪香金門瑞雪繽紛舞寶殿紅

雲縹緲翔稽首君親千萬壽邦畿同享樂時康

遠浦帆歸

遥遥遠浦片帆歸斜日西山歲暮時野曠天低雲樹遠中流風穩浪花遲落霞幾縷橫林杪孤鶩高飛度水涯可愛瀟湘風景美長江千頃碧漣漪

洞庭秋月

一輪明月上君山木葉蕭條夜色寒漁火熒熒明野岸片帆隱隱下前灘雲橫遠渚青天外鴈叫長洲白水間遣興扣舷歌雅調洞庭風景足遊觀

山市晴嵐

山市晴嵐破曉初危峰疊嶂正模糊雲橫遠樹風光好烟靄云林景物殊才了花邊停駿騎遊人塵外走香車幾家茆屋臨溪澗玩此渾疑在畫圖

元日

鳳曆新頒四海春三陽開泰轉鴻鈞百官劒珮朝金闕萬國山河拱紫宸雉扇影移開斧扆獸爐烟起裊香麝簫韶九奏來儀鳳民物咸同樂歲新

除夜

爆竹聲中蠟炬然屠酥酒暖好[illegible]迎臘殘畫角東風裏春到梅花小雪邊延年弄且將椒釀酒送窮何

用草爲船光陰代謝如流水壽祝邦家億萬年

早春

新春天氣漸融和起看郊原景物多暖日初消江上雪曉烟輕覆檻邊莎飄飄紫霧浮簾幕拂拂香風透綺羅陌上遊人同玩賞東風不惜醉顔酡

新春即事

草玄亭上倚闌干料峭春風拂面寒臘雪半消堦下草和風先放谷中蘭忘情飲酒襟懷壯握筆題詩眼界寬漸覺韶光盈宇宙捲簾閒坐看青山

新春感興

閑向幽亭倚畫闌溟濛好雨暗前山桃花欲放羞丹頰柳葉微舒怯曉寒老去情懷無限好春來眼界十分寬應思李白多豪邁千載名傳宇宙間

江亭春霽

蕩漾波光戲錦鱗江亭新水淨無塵青原雨霽山如黛綠野風暄草似茵遣興啣盃消俗慮放懷高詠任天真當時識得遊魚樂惟有濠梁物外人

紀夢

樓閣參差倚碧霄夢中彷彿記遊遨半溪新水縈芳苑一塢紅雲護小橋謾說長房能縮地久知方

朔鮮偷桃石門不掩春長在洞裏青山積翠饒

觀祭

祠官導駕爾登壇爇炬光中彩仗攢鼓吹三通來鳳輦簫韶九奏列鵷班香生黃道風雲會慶演邦家雨露寬社稷山河常鞏固萬方民物樂康安

南園曉步

行行散步到南園風暖閑亭麗日暄與客同吟聯好句開筵相對倒芳樽魚浮新水遊情緩燕接飛花舞翅翻無柰春來多美景不妨終日共盤桓

中和節

中和天氣快人情閒倚雕闌聽早鶯艷冶桃花開爛熳顛狂柳絮舞輕盈漫將玉醑傾金斝旋取春茶煮石鐺雨弄新晴庭草翠放懷高詠步前楹

上巳日浣溪泛舟

喜逢祓禊遇芳辰日暖風和景物新曲水當年留勝跡浣溪今日豈無人盍簪玩賞臨郊外約友流盃近水濱三月桃花春浪暖坐看翠藻躍金鱗

過梵安寺訪僧

携笻緩步出城西望入茅堂過浣溪花落鳥啼流水淨晝長風暖碧雲低苔封古砌紅塵遠烟鎖禪

關去路迷與客談空天欲暮興來吟就寫烏絲

暮春書事

園亭鶯老百花空正在清光淺淡中濟世文章推賈誼驚人詞賦重楊雄樓臺日麗浮雲度簾幙風輕乳燕通無限幽情何處寫吟餘閒步過溪東

嘗新櫻桃次杜甫韻

内苑櫻桃顆顆紅中官初薦滿紗籠光生玉手香甜美色映金盤氣味同帶露進來清暑殿推恩賜出翠微宫應思杜老嘗新日何事當年歎轉蓬

雨晴

錦江江上雨初晴萬里雲開望眼明風漾水光連
碧漢日涵山色映朱甍吟餘閒步觀秋鷹遣興凭
闌聽曉鶯便覺凉生炎暑退滿襟清氣悅人情
吟餘乘興步簷楹日暖雲收宿雨晴窻外早梅開
玉蕋蘺邊殘菊綴金英石鐺茶煮龍芽細銅鴨香
焚寶篆輕漫整冰絃彈白雪數聲清淡樂閑情

浣溪烟雨

浣花溪上景偏幽遠望波光蕩漾浮雨過沙平多
落鴈烟凝灘淺不勝舟西風樵唱來荒徑南浦漁
歌下急流此際興懷隨所寓揮毫題詠草堂秋

錦城觀芙蓉

芙蓉開向素秋天遠望龜城錦綉連朶朶迎風偏艷冶枝枝笑日更芳妍正宜美態臨歌館可愛仙姿近舞筵携酒邀賓同玩賞興來相對賦詩篇

楓林秋暮

深秋雨霽楓林晚霜葉紅如二月花隈浦蕭蕭如散錦沿流片片似飄霞閑臨楚岸踈烟淡靜愛吳江落日斜幾度停驂多適意興來詩思浩無涯

新秋江上述懷

蕭條野外日光微靜坐園亭日影移碧沼殘蓮和

露墜長江哀柳帶烟垂興來閒詠南山句飲罷重歌白雪辭漸覺秋光今已老幽懷不許世人知

橘林秋晚

園林秋橘已經霜顆顆枝頭帶淺黄映日斕斑誇味美迎風錯落露心香日斜閑玩高懷遠景暮清吟益興長況是秋光將欲老筠籠持贈正堪嘗

立冬書事

已覺玄冥轉朔方曉來青女散嚴霜窻開錦水明雕檻簾捲岷山映畫堂風冷枯荷猶弄影天寒殘菊已無香漸看景物年華換暖閣紅鑪泛玉觴

竹林書屋

卜築幽居遠市寰琅玕遶屋水潺潺繁陰蔽日侵書帙翠色凌雲映畫閑靈籟半空秋氣爽牙籤滿架夕陽閒明窻淨几觀書罷愛看天邊老鶴還

梅窻雪夜

梅窻與客清談夜不覺銅壺玉漏添白鶴唳時驚好夢紫簫吹徹轉銀蟾暗香浮動侵書帙踈影橫斜上畫簾遥想林逋吟詠處孤山風月夜厭厭

烟寺晚鐘

烟靄招提晚色寒鐘聲忽起畫樓間波撼塔影侵

層漢風送鯨音出遠山今日乘閑過竹院何年縱
步出塵寰欣然一笑三生話對榻焚香意思閒

平沙落鴈

目斷瀟湘萬里秋數行征鴈下汀洲白蘋紅蓼堪
栖息碧水平堤得自由沙漠送來天外信洞庭驚
起客邊愁西風颯颯年華晚回首長空日已收

杏園春朝

朝來天氣喜新晴紅杏初開絢彩明晴雪半凝枝
上蕋曉霞輕染樹梢英嬌鶯學語臨雕檻粉蝶偷
香度畫甍漸覺園林生意滿濁醪不惜醉銀甖

夜宴海棠亭

海棠枝上月明多宴罷園亭夜幾何恰似玉環春睡重渾如西子醉顏酡輕盈翠影浮簾幕艷冶穠華映綺羅六曲闌干閑倚處漫將玉笛弄雲和

梨亭夜月

溶溶月色浸瓊樓銀漢分明澹欲流萬斛餘香生院宇滿庭疎影上簾鉤淡粧瀟灑添吟思素艷輕盈豁醉眸無奈良宵眠未穩何人玉笛弄凉州

尋芳

驄鑣乘興出西郊路轉清江萬里橋陌上草連天

一色江邊風掠燕雙高笑吟歌館情懷逸醉勒花驄意氣驕兩岸垂楊金縷細遊人爭折最長條

上苑鶯聲

綠暗紅稀春日永園林遊玩快芳心柳邊常聽間關語花外時聞睍睆音喚起紗窗詩夢斷催來紫陌酒懷深吟餘緩步歸青瑣絕勝瀟湘一曲琴

暮春述懷

九十春光欲暮天園林遊賞會羣僊隨風輕絮飄晴雪出水新荷貼小錢遣興倚闌看紫燕述懷高詠寫銀箋笙歌滿座傳盃斝時送飛花落舞筵

園林書暮

寂寞園林雨乍晴惜春閒步出郊行雲横遠岫連西嶺日上長空照錦城片片桃花飄散亂紛紛柳絮舞輕盈紅稀緑暗遊人少惟聽間關葉底鶯

竹窻曉雨

曉來雨過緑筠窻細細輕風拂面凉滿院繁陰侵玉几一簾清影落藤床穿林個個龍孫茂拂檻翛翛鳳尾長雅稱彈琴消白日金鑪添火試沉香

梅庄八詠

龍山拱秀

拔地龍飛氣勢雄山巒萬疊秀重重嵐光曉帶烟霞潤黛色晴分翡翠濃休論武夷青錦障絕勝衡嶽玉芙蓉天開形勝眞奇異寫出新圖趣不同

馬渚環清

昔聞清渭獨馳名馬渚縈迴水更清素練浮光尤皎潔錦鱗潛影自分明詩人秋晚堪停舫漁父春晴可濯纓陸羽若能知此美煑茶何用汲中泠

二橋野色

江上雙橋架玉虹橋頭野色望無窮雲霞掩映濃還淡花柳芳菲綠映紅萬頃禾麻春雨後幾家烟

火夕陽中浪仙佳詠今猶在欲和深慚句不工

三市人烟

壓分三市傍江隈愛爾人烟庶矣哉雜遝輪蹄雲霧集崢嶸樓閣畫圖開月明燈火逬連郭雨過街衢淨絕埃更喜清時官府好幾多民物樂春臺

橫河春漲

天設長河一帶橫春來新水滿河平杏浮杜若波初暖色泛葡萄雨乍晴有意魚龍期變化無心鷗鳥自飛鳴潤沾南畝知多少常使年豐慰衆情

小峙晚霞

郊外微峯翠作堆丹霞幾縷布崔嵬不隨孤鶩乘風去却傍斜陽散綺來瓊島鄉雲同縹緲杏林晴雪共徘徊開軒幾度閑吟眺分得餘光入酒杯

南畝新禾

平田渺渺接江鄉種得新禾喜倍常好雨滿畦添秀色薰風隔壠度微香芃芃未數連莖盛薿薿誰誇合穎祥他日金飈催結實佇看千頃覆雲黃

後塘舊宅

後塘仙派接蛟川塘上幽居已有年百尺危樓高插漢千章喬木秀疑烟翻階紅藥春還茂滿徑黃

花晚更鮮莫道箇中靈物少魚來桃浪已飛天

七夕吟懷

銀河雲淨淡無波碧落風清爽氣多乞巧閑襯兒女戲寫詩聊寄士夫歌人間砧杵敲殘月天上佳期會素娥露滴銅壺鷄唱曉經年惜別奈愁何

碧天無際路迢遙坐看雙星度鵲橋萬古閑愁傷往事千年離恨會今宵銀河露淨雲軿集寶殿風清玉佩搖回首含悲分袂去芳蒐寂寞杳難招

浣溪偶成

錦官城外草萋萋策蹇歸來望眼迷一帶雲山青

隱隱兩行烟樹碧離離風和桃蕋嬌嬈綻日暖鶯
聲睍睆啼今見畫圖書令譽詞章留與後人題

定園睿製詩集卷之五

定園睿製集

六之十

終

定園睿製集卷之六

和唐賢韻

早秋京口旅泊

楊子江邊夜泊舟微茫烟浪向東流金陵王氣千年事吳地山光萬里秋緩步沙邊驚宿鴈豪吟大際望牽牛緣江多少思鄉客怕聽砧聲動別愁

晚次鄂州

極目遙瞻白帝城偶逢仙侶問前程鷗歸遠水潮將落人宿江鄉月正生客棹依村無限好漁燈照夜更分明孫吟晚對長空外惟聽高樓玉笛聲

赴武陵寒食次松滋渡

時逢佳節禁烟前春色湖光淨客船紅綻百花經宿雨翠連萬井起新烟故鄉有夢思千里寒食無家又一年晚泊松滋依古渡閑來覽景賦詩篇

鄂州寓巖澗宅

髙隱深山自愛松人間何處覔仙蹤遠聞古澗有玄豹曾見南陽起卧龍此日偶然留暫住于今忽喜得相逢汲泉瀹茗談清話不覺髙樓響夜鐘

九日齊山登髙

山空木落片雲飛約友登髙上翠微老遇重陽今

日是菊開三逕幾時歸佩萸聊用酬佳節把酒徒
怜對夕暉莫遣西風吹落帽還家猶得戲萊衣

贈王尊師

逍遥自是忘形客富貴誰知反掌間蓬島境中多
歲月桃源洞裏隱江山邯鄲夢醒人初起太乙丹
成鶴未還近得麻姑書訊不何時共酌醉酡顔

贈王山人

因風莫惜寄書頻賦就新詩憶故人澗底栽松成
老樹山中樂道豈憂貧閑遊玉洞心恒静燕坐壺
天志已伸九轉丹成顔愈少鳥啼花發一般春

湘中送友人

十里長亭起暮烟湘江萬頃浸平田孤村雨歇潮生岸遠浦雲開月照船白鳥背人秋自老蒼烟迷樹晚相連天涯此去添愁思再得相逢是幾年

元達上人種藥

日暖靈苗種繞籬旋添名品旋成畦千株橘老根應固九節蒲生葉尚低山菜久依幽澗石水芝須帶本池泥春深雨露常滋潤參朮由來長更齊

黄鶴樓

江楓搓落海門秋江水微茫月滿樓黄鶴信稀天

杳杳青山望斷思悠悠波光遠接吳江渚樹色遥
連楚水洲崔顥題詩多逸興凭闌幾度慰羇愁

自蘇臺至望亭驛人家盡空

又見西風起白蘋乍登驛路淚沾巾花開曠野無
行旅犬吠荒村少住人煙外鍾聲催倦馬林間燕
語惜殘春舉頭却别蘇臺遠久客貂裘半是塵

與僧話舊

知是何年入翠微偶逢話舊不相違大千界裏惟
空想不二門中得早歸宴坐松陰論象教閑行雲
氣潤禪衣自從識破紅塵事萬里孤鴻恣意飛

長洲懷古

蘆葦蒹蒲變作灰長洲興廢只荒臺吳歌知向何時歇越戰曾經此地來倚棹但驚山色改題詩頓覺笛聲哀英雄去後今千古驛路東風花自開

煬帝行宮

聞說鑾輿此地過百年世事更如何鳳笙龍管違時久錦纜牙檣別歲多行殿已空成土壤長江依舊蕩風波感今懷古添豪興擊楫中流發浩歌

經故丁補闕郊居

羨君忠孝兩能全補闕清朝志愈堅華表鶴歸知

幾載荒村人去是何年招魂謾舉裁詩筆訪舊難移載酒船零落故人相酹後松楸灑淚向江天

贈蕭兵曹

常欲相逢話起居那堪一別十年餘盍簪未得開樽酒尺素頻煩寄鯉魚老去始知朋輩少年來頓覺故人踈有時政暇無餘事卧對松窓自坦如

酬張芬赦後見贈

星使初頒紫鳳書皇恩寛宥禁皆除潤沾禹跡山川外德布堯天雨露餘萬姓歡呼逢盛世四夷鼓舞樂安居昨來忽辱新詩寄欲和才慳句不如

荅賈拾遺卧病見寄

興來有意吟詩寄病起無情看落花正欲仙方醫肺腑懶將神筆草龍蛇待賓甕裏常餘酒煉藥爐中自有砂見說錦囊多秀句何時得造拾遺家

寄樂天

老覺儒冠誤此身論交情久重雷陳過門自信少賓客看竹誰來問主人數局仙棊消永晝一樽魯酒送殘春閑時獨坐幽軒下得句驚人似有神

秋居病中

閑居扶病凭闌倦夕照分陰上柳梢久病只須將

原稿缺第五、六頁

人遠天闊雲邊過鴈遲山館飲餘桑落酒秋風吹老菊花枝別來自把瑶琴操流水高山只自知

嶺南道中

草色連天去路迷蠻烟瘴雨暗清溪人行遠道衝炎暑馬過荒村汚濁泥嶺峻夜深多猛獸潮來月落聽鳴鷄久知閩越闗山隔荔子丹時鳥亂啼

病起

春來窻外草幽深病起扶笻步柳陰試舉玉盃嘗美醞閑拈湘管寫新吟清風徐動簾垂晝愛日微喧鳥噪林欲學神仙思養性蓬萊無路可追尋

送李録事赴饒州

話別匆匆思轉紛春深杜宇不堪聞風生湘浦迎征棹日落金陵起暮雲人去宦途村店遠水通驛路野橋分他時若問平安字獨有梅花好贈君

清明與友人遊玉塘莊

一從入仕久爲郎共賞芳辰愈有光池館日長詩句捷郊園花落酒盃香黃鶯喚友臨雕檻紫燕啣泥度玉塘自是清明行樂好興闌回首已斜陽

宿淮浦寄司空曙

中年懷抱正多憂悗歲功名復宦遊淮浦雲深迷

遠樹長江日落望歸舟詩吟別恨山川隔水帶潮聲晝夜流欲寄音書何處達鴈鴻飛度仲宣樓

尋郭道士不遇

白雲深瑣桃源洞來訪仙人嘆不逢門裏歡迎惟有鶴堦前挺秀只存松苔封石徑橋偏滑雨漲寒溪碓自舂擬受太玄難得見落花迷路去何從

早秋寄題天竺靈隱寺

寺近深山早值秋峥嶸層塔對滄洲松間時見棲雲鶴嶺半頻聞嘯月猴滿地金沙明紺像一爐寶篆裊彤樓天山靈隱宗風在何日追尋拉舊遊

題宣城開元寺水閣

十二闌干倚半空招提勝境世難同清幽高閣秋江畔縹緲荒臺夕照中惆悵倦吟懷往古遨遊縱目想英風六朝人物今何在日自西斜水自東

長安秋夕

耿耿銀河淡欲流長門砧杵萬家秋虛傳天上支機石今見人家乞巧樓老態何堪逢此夕孤懷聊擬賦離愁鴈來燕去年華晚獨立西風歎楚囚

宿山寺

偶宿禪房入翠微雲深夜靜客來稀月含窻影僧

初定風撼松聲鶴正歸上界頻聞鐘磬響半空惟
見澗泉飛山高木落驚秋晚吟倚闌干露濕衣

題永城驛

近來世事故相違蕭索情懷只自知沒辱沒榮應
沒患隨緣隨分復隨時青山歷歷翻成宋綠柳依
依却傍隋舟過郵亭興慨嘆田園擬賦去來詞

慈恩偶題

此生篤志攻儒業欲契禪機豈不能蓮社故人今
再會稽山舊隱昔同登行修潔淨超凡客道尚虛
無出世僧幾度偶題多妙處乾坤清氣一壺氷

都城蕭貟外寄海棠花

盈座金貂色映蟬人間自有地行仙玉堂瀟灑稱三絶竹徑風流重七賢遠寄好花明瑞錦欲酬佳句寫雲牋浣溪溪上堪惆悵子美多才豈浪傳

陳琳墓

斷碑横草尚留文冷落何年四尺墳衆說安邉須李廣我憐草檄有陳君烟迷宿草埋荒徑花落垂楊亂白雲歲月如流今又古吟成一筆掃千軍

鸚鵡洲眺望

乾坤萬里暮雲開煙樹盈眸更可哀黄祖無情眞

溥行禰衡有賦實奇材地連山勢相高下湖湧波光自往來幾度洲邊停短棹昔年鸚鵡若飛回

繡嶺宮

紫簫吹斷彩雲陰天塹風微柳蘸金行客獨吟傷往事幽禽對語訴春心頹垣寂寞苔痕長輦路荒涼樹色深禁苑故宮俱瓦礫空餘舊址近遙岑

春山道中寄孟侍御

深春自覺無情思秉興穿雲山澗行林下清幽堪隱遁世間富貴有功名杜鵑喚客回征騎布穀催農趂雨耕侍御別來今幾載長途沽酒共誰傾

早春歸盩厔寄耿湋李端

山家路向小橋分僻處荒涼久離群幾樹好花開小院一林脩竹隱孤墳緬懷故舊成春夢遥矚江天隔暮雲别後忽驚時序改幾回對酒苦思君

松溪渡望峽中

泊舟渡口惜残梅一水遥從西蜀來巫峽雲寒送去棹夷陵風冷暗飛灰猿啼夜嶺月初上人宿秋江鴈未回先主舊時遊幸處百年興廢只荒臺

春日閒坐

幽齋坐久無餘事幾欲携節倦獨行蛺蝶尋花迷

舊路杜鵑啼雨促歸程隔墻乍見雲山影別院頻
聞棊局聲一段好懷何處遣惜春佳句速能成

晏安寺

閑步深山古道塲吟餘不覺又斜陽蘚苔護徑痕
猶緑松栢連郊色尚蒼每見寒雲生福地長看香
霧濕禪房登臨自是興嗟嘆空有遺基過客傷

館娃宮

風吹壞瓦依芳草雨打頹垣倚斷崖勝地荒涼遊
野鹿寢園磨滅墜金釵花殘空見隨春去逕在猶
憐被土埋一代興亡成往事苦吟詩句更傷懷

方干隱居

忽聞林外錦鳩聲滿院風輕晝景清靜坐長宵忘薄利獨眠永晝遠浮名呼童瀹茗醒殘夢會友論文叙舊情誰識幽人甘隱遁此中堪自樂餘生

贈道士

煉形養氣隱方壺石洞春風早發榆肘後仙方傳紫府天邉瑞靄覆玄都閑時跨鶴遊瀛海靜處燒丹立晷鑪欲得參同契中話仙緘應肯寄來無

酬李端病中見寄

一樹槐雲鎖翠陰雕闌時倚思幽深風高鷹陣排

霄漢日落蟬聲在樹林遠信寄來偏有意新詩吟
罷却無心青年自覺精神好肘後仙方豈用尋

送客之湖南

杜鵑啼處促歸程擲下離觴話舊情路入五溪稀
鴈訊地經三峽有猿聲翩翩飛鵠乘風去隱隱征
帆帶雨行餞別一杯回首處忽聞鼓角動江城

送劉谷

宿雨初收曉見晴亭臯新柳帶煙輕舟辭錦水驚
鷗侶路入函關候鴈聲故里賓朋勞餞送家鄉父
老喜逢迎天涯一望傷懷抱日暮愁雲覆遠城

江上逢王將軍

清名曾比漢中郎入衛天朝侍玉皇油幕宣威金鉞重柳營嚴令錦衣香彎弓叱虜身猶健躍馬南蠻鬢已霜流水自隨人去遠西風白鴈叫衡陽

和皮日休酬節山廣文

少年名譽慕鄒陽垂老幽居緑野堂吟罷滿斟清醽美夢回閑煮紫芽香每思元亮親栽柳常下陳蕃舊坐床高卧茅山嗟世事窮途車馬謾蒼皇

蒲津河亭

鴈叫長天秋水澄蒲津亭畔棹歌興朝烟淡淡迷

芳洲古樹森森護遠陵醉後每持龍劍舞吟餘長向畫闌凭舉頭却憶鄉關遠欲泛歸舟力未勝

酬慈恩文郁上人

禪房深處最幽清四面山開含衛城下界路從溪口斷上方人在畫中行煙消古木千章秀日出晴川一掌平心地盡拋塵事了長年來此學無生

江亭秋霽

江亭日霽竹扶疎晝靜風來午夢餘雅趣盡歸詩句裏高情都付酒杯初一溪水漲堪垂釣四面窻開好看書策杖幾回閒縱步篸花深處看遊魚

漢南春望

乘興尋芳到鳳臺葱蘢佳氣逐春回一朝喜遇洪鈞轉千載欣逢壽域開時節推遷憐景物襟懷磊落嘆英材登臨日暮忘歸去不覺天邊月上來

感懷

夢回無奈角聲悲平昔覊懷欲語誰十畝池塘秋水漫數家煙火夕陽遲興來每愛傾新酒行處何妨詠古詞望斷故人天已晚長空雲靜鴈來時

輞川積雨

輞川雲淡曙光遲農父郊園正播菑秀麥滿田藏

獨雉嫩槐繞院語雙鸝水邊茅屋多青竹門外柴扉護緑葵欲遣牧童騎犢去歸來痛飲更無疑

石門春暮

萬頃江波正渺漫漁舟橫浦激寒湍綵鴛戲水依瓊島紫燕啣泥過畫欄方士栖眞稀客過仙翁受籙許誰看青年自惜春光暮且理瑶琴坐石壇

春夕旅懷

春暮韶光惬素情宦遊今日到江城坐聞旅館鷄啼曉卧聽譙樓漏促更千里關山鄉夢斷一朝風雨客愁生忝余幸遇升平世共喜人間息戰爭

長陵

平勃當年解輔劉長陵培塚盡諸侯沉埋歲月竟千古冷落功名土一丘行客在途心獨遠牧童飲澗手須抔白楊日暮悲風起匹馬驅馳霜滿頭

咸陽

極目咸陽古戍樓樓邊山色動羈愁人從別浦經年去水向平蕪盡處流韓信立功應有策子房報主外無求凭闌悵望懷鄉國萬斛愁腸日幾周

過九原飲弄泉

地遠山荒起暮烟長途駐馬飲寒泉旌旗影動雲

連戍鼓角聲悲塞接天遊客曉行明月下征鴻夜
唳黑山前清光照我明如鏡漸覺顏衰減去年

欲到西陵寄王行周

扁舟蕩漾任風飄漸覺長途去路遥萬里雲濤浮
短棹滿江雪浪泛輕橈山連平野多高樹水接晴
川少斷橋欲寫新詩何處寄故人應隔大江潮

洗竹

高齋不可居無竹月上芸窻羣影踈直節欲棲丹
穴鳳長竿應釣錦江魚七賢曠達精神爽六逸酣
歌體性虛暇日清幽堪遣興就陰閑坐閱殘書

惜花

園林昨夜知春去飄落殘紅疊砌深春冷可憐風剪剪日寒猶怯雨淋淋凋零檻外添人恨狼藉堦前感客心試向幽亭閑縱目滿山濃綠自成陰

崔少府池塘鷺鷥

春鉏作對立方池照水窺魚雪羽垂行傍白蓮人不見飛隨皎月夜難知舉頭堤畔忘機處翹足江邊得意時少府貴家曾得此幾回吟玩最相宜

鷓鴣

好鳥斕斑彩羽齊也應曾此作山鷄江南江北常

相逐春後後春前多自啼煙樹遠迷湘水杳荒村深
隱楚雲低遊人聽罷思鄉切吟不成詩日已西

緋桃

幾樹緋桃近四鄰穠華妖艷媚芳春柔枝裊裊搖
青玉嫩蕋重重壓絳巾日暖朝霞凝笑臉風和曉
露濕香唇此中不是天台路豈有秦時避世人

牡丹

國色天香第一花檻前相倚更嬌奢奇葩開處稱
荀令異種傳來羡石家翠幄乍籠凝宿靄檀心初
吐映朝霞化工只欲呈新巧正值春風醉物華

寶欄重護最相因獨占名園第一春默默無言如
醉客妖妖有意似佳人酡顔艷冶難同俗膩體嬌
嬈逈絶塵三月韶華将欲暮惜花徧瘦苦吟身

梅花

羅浮山下曾經過玉蕊瓊葩綴樹繁初放臘前如
有意盛開雪裏更無言尋時喜得詩千首覔處愁頻
傾酒一樽驛使不來春信斷可憐空度幾黄昏

定園睿製集卷之六

定園睿製集卷之七

和永明壽禪師山居

一入叢林更不疑悠然心地自平夷談空深得玄門旨樂道常吟淨土詩翠栢豈無凌漢志蒼松都是傲霜枝蓬門晝掩紅塵遠人世功名各有期

綠樹青山深更深斷崖曲逕杳難尋一分利祿何干己千古虛名不繫心夜坐庵居能頓悟朝看雲水任浮沉自歌自樂幽岩下細細清風拂素襟

堪嗟世事水中漚誰羨鵬程萬里遥樂地有情藏島嶼清時無夢到雲霄夜深煉汞燒丹竈雨後耕

鋤種藥苗只有道人心境靜香焚石鼎祝天朝
居幽境勝與誰同懶散無拘事事慵世態好如追
兎犬人情恰似採花蜂手彈緑綺音聲古口咲黃
精意味濃地僻想應風景別客來何處覓行蹤
世上功名念已灰地爐温暖火爲媒竹因耐雪經
年茂花爲爭妍半日摧陋巷居安心地樂枯禪坐
久眼睛閑山童淨掃門前路不許紅塵半點來
悠悠往事莫追尋擾擾浮華亘古今遁跡青山深
有意馳名紫陌更無心自知白石還非玉誰信丹
砂可化金謾整衣冠彈緑綺倚風三嘆少知音

非非是是總休論緘口無能拙最尊自愛清軀藏
重寶羞稱俠客走權門忘情懶話當時事洗目頻
觀古宿言只此一開眞道本浮華散滅理長存
到眞如處自如如半榻容身有所於不論塵寰長
短事只窮賢聖古今書聽魔來處何須遣俗慮忘
時豈待除補衲禦寒隨分過心空明月照茅廬
閒居僻境絶參詳堪嘆浮生滾滾忙樂道豈無原
性學安貧還有養生方庭階寂寞紅塵斷門逕蕭
條碧草荒到此了然明祖意坐中唯覺理悠長
遁跡叢林寄此生又無煩惱又無驚夢回禪榻聞

猿嘯歩入松陰有鶴迎雲散長空天浩浩風開方沼水平平幽人自得栖眞趣放浪形骸遠世情堪嘆趨炎附熱人膠麻船了渡迷津只知閙市誇雄辯肯向幽林惜幻身勘破死生塵劫夢挽回宇宙性天春經行坐卧長如此布衲遮寒不厭貧但得心安身亦安從他世事百千端浮游袱客身奔走默坐禪翁眼覷看課蜜狂蜂飛翅倦催春社宇吽聲乾到頭萬物俱如夢肯把靈心被欺瞞三教元來一理同世人何必論窮通有情影相隨心覡無限浮華轉眼空幾樹老梅清傲雪萬竿脩

竹翠梳風生生化化常如此不屬乾坤長養功
紛紛世事不須論老向深山咬菜根諸葛自酧三
顧志淮陰肯負一飡恩花成子去無嬌色水到氷
時没舊痕靜坐冥觀消長理日光明照爲雲吞
不管人間是與非且尋樵子論玄微我知佛子眞
如理誰識乾坤造化機冉冉光陰流水逝紛紛富
貴野雲飛昭然突出金剛眼看破髥胡隻履歸
月入疎櫺夜漏光定回添火試沉香庵中衲子怡
然靜路上行人分外忙冷坐石岩身自穩苦吟山
倡意偏長莫言道者多迂拙恢豁胸襟未易量

坐來夜永月輪孤梅暎踈簾影入圖雲露濕短簷脩
竹茂霜凝方沼敗荷枯不聞曠野人相語只聽林
中鳥自呼得句戲將梧葉寫自然全不費工夫
迢迢世路去何之自葺茅庵且退歸性愛幽閒離
險穽誰知富貴有危機山光倒影明殘照水色搖
空入翠微只為道人心境靜靜觀萬事總成非
紅塵識破妄緣休僻境閒居孰與儔紫塞徒勞爭
勝負黃金何必苦貪求霜嚴古栢能禁凍雨惡芭
蕉不耐秋萬物生成應有數不將心地着閑憂
巍然宴坐罷經營兩曜升沉有昃盈蘭若清虛入

事少靈臺寂靜道心生天開曉日紅霞散雲布晴
巒素練橫對景寫懷奇句出世間名利不關情
世情疎後道情濃打透禪關法法通眞境不踰陵
谷外好山都在畫圖中因思靖節能同社可歎昌
黎却逆窮理事圓融無二致書文車軌萬方同
罷談今古絕浮誇幾度榮枯感物華釣叟絲綸爲
活計禪翁瓶鉢是生涯山鯛應候鳴高柳粉蝶尋
春採艷花只有道人無改變年年歲歲卧烟霞
石鑪裊裊水沉烟草舍茅廬樂性天人物廢興皆
有定乾坤造化總無偏一生守分甘蔬食數載安

貧只舊氈識破利名成底用不如高隱度長年
茅屋身安勝玉樓大千沙界一齊收麁粳適口情
偏悅破衲蒙頭意自休何患深山多險阻不須平
地起憂愁懶於利客爲交好只與漁樵作侶儔
三教同原義理平區區楊墨敢同名是非錯雜分
人我議論紛紜亂性情定去有名超萬像歸來無
惑悟三生昨朝信手拈來看朗耀神珠一點明
亂山深處結茅堂隨分安身即故鄉數卷金經消
晝永一鑪寶篆喜年長脩脩鳳竹凝新露凜凜亂
松微晚霜心地坦然無雜念閒居高出利名場

自入山林養幻軀誰知莘野有耕夫從他盖世功
名顯任我平生性質愚雪意釀梅舒嫩蘂春風吹
柳發枯株細觀物理眞奇絶滿目川原可畫圖
嘆息光陰去莫追分甘清隱更何之慧燈遠續思
無盡焦尾閑彈憶子期翡翠性常依淺水鶺鴒情
不在高枝年華瞬息如驚電潦倒無成却怨誰
十笏幽居樂自然朝看雲水暮參禪公侯第宅名
空羡佛祖機關意最玄緑酒任君消永日青山與
我有前緣閑來默誦楞伽卷得意忘言等昔賢
誰識林泉有逸人閑非閑是不關身冷心洞徹古

今事山偈包含宇宙春入檻水光常蕩漾映簾山
色更清新不知何處求魚叟路入桃源苦問秦
不因名利惹閑憂高隱林泉萬慮休客意見金常
欲取我心於世自無求雙雙應候啣泥燕兩兩忘
機泛水鷗細閱乾坤消長理何勞海上訪瀛洲
不用旌旗使客招此身隨處樂逍遥究明大道機
心息透徹玄關俗慮消湧翠松陰如倚蓋送青山
色似相朝逢人懶問無生法遁跡空門守寂寥
打透玄関一理通何分南北與西東明心見性身
從老玩水觀山興不窮夜靜野猿啼嶺畔夢回山

月在波中時人笑我多踈放寛褐長絛有古風
閑閑到底勝勞勞詩凝寒山染素毫畎畝生涯輸
野士禪林風景屬吾曹飢烏爭食聲偏切孤鴈橫
空影自高颯颯涼風吹短鬢隨時還着舊絺袍
行雲流水兩相依雲水無心足自怡箇樣清規誰
早得這般淡味我先知幽閑可信生來好貴顯當
思老去危感古懷今聊一問行人指點道傍碑
久處山中不計年逍遙物外慕先賢總含西嶺經
春雪門對南崗欲曙天玄鶴起時衝薄霧白鷗飛
處破寒烟正當衲子安禪際心地圓融體泰然

溪流一派繞庵孤淡飯麤茶是所圖到底松筠無
改變從來花柳有榮枯頻看山鳥爭枝噪時聽慈
烏返哺呼豎起脊梁常警省此心只與道相俱
日射芸窻晝掩門道人佳興與誰論德山嗣法非
傍派臨濟傳宗有正源紅葉樹明山脚寺黃花路
繞水邊村欲知節序遷移處但看青回野燒痕
烟堤漾綠柳依依緩步吟哦久息機冉冉韶光侵
短鬢霏霏花片點輕衣何人感古思梁父有客思
歸賦式微看了四時衰盛理不如高卧對斜暉
懶向紅塵著姓名亂雲深處結茅亭冥搜物理知

禪意暗合心宗悟佛經數着殘棊聊適興一甌新
茗可通靈物華任使頻遷變不及喬松四季青
道人清儉甚悠哉不二門中一理該頃刻鑪中消
白雪須臾草上現瓊臺得時紫鳳衝霄去應節黃
花遍地開好是淡烟踈雨裏無邊風景入詩來
問君出處與行踪釋老家風究竟通布衲遮寒無
雜念蒲團穩坐有深功凌霜古檜龍鱗碧冒雪山
茶鶴頂紅寂境杳然渾脫俗悟來理事盡圓融
心通法界性常然默坐禪關斷語言觸境遇緣無
滯礙隨機應物有根源吟餘閑看栖烟鶴坐久頻

聞嘯月猿遥想五雲仙閣吏清時無夢到茅軒
一座茅庵水四圍曉來烟散曙光微閑瞻碧嶂雙
凫至又見青天一鶴歸遊客自傷青鬢改高僧常
愛白雲飛説心説性皆虚妄何似逍遥乆息機
布襪青鞋任意行非非是是不關情數聲羌笛寒
林起一抹斜陽遠岫横識破利名無繫縛悟來理
事自分明奔馳意馬今馴伏放去收來總現成
往事千端不足悲英才何世獨無之離離禾黍迷
方畝點點莓苔蝕斷碑堪笑馮唐偏易老因嗟李
廣不逢時禪餘緩步郊原望恠底楊朱泣路岐

我愛林泉樂勝遊看他豪貴總多憂百年孫潔輪
元亮千載清高屬許由布衲惜無綿覆體竹床賴
有石支頭寄言碌碌爭名者得好休時即便休
定起支筇看野雲茅齋雖小足容身徒勞昂峙三
分國可歎荒淫二姓秦山茗盈甌清徹骨韋編堆
几淨無塵知他多少山居者肯似吾儂獨養眞
抱拙藏機保太和吟邊風景四時多冷觀世利隨
時改暗覺年華掣電過幾箇漁舟浮淺水一聲羌
笛響平波凭闌佇立秋光暮兩鬢蕭蕭奈老何
不待工夫已現成蒲團豈在坐冥冥千般費用情

何盡一理圓明性自靈智眼定觀常寂寂覺心虛照更醒醒有人來問無生法雲在青天水在瓶睡亦忘兮坐亦忘見人何必說行藏心珠磨煉渾無翳智樂修持別有方言出尋常無恠異行依規矩不顛狂一言深入真空理袖手看人逐利忙卜築幽深住近山山光雲影護禪關一編舊易情偏悅千首新詩意自閑嶺外樹蔵秋色老天邊鴉背夕陽還古今多少權豪者富貴榮華一夢間平生氣質本剛方不學時人附勢忙華館笙歌聲促迫青山明月景舒長秋回碧沼芙蕖老風入南

牕枕簟涼如此清閒消俗累虛堂靜坐慢焚香
水流花謝總無依嘆息光陰老自悲沒辱沒榮心
意悅隨茶隨飯性情怡松皮不改凌霜操梅蕚猶
存傲雪枝老眼徧觀興癈事忠臣何代獨無之
選佛塲中別聖賢丹霞禪伯尚爭先袈裟徧覆三
千界瓶鉢相傳幾百年地僻想應無過客林疎時
復有鳴蟬清風左右涼如水宴坐藤床體泰然
公門多富亦多憂老夫心安不解愁布衲一牽過
錦被茅庵半厦勝瓊樓談空古洞龍傾聽說法深
山石點頭寂境淡然塵鞅斷知機揣分自歸休

居處祖忘淡泊鄉林泉學道志剛強閒中自究玄
微旨靜裏常薰戒定香飯罷任情行石逕偈成隨
意寫岩墻如今多少經營者不及裴翁綠野堂
山中無曆不知年木榻容身好坐禪四海蒼生宜
樂矣八方黎庶盡安然自期蓮社攢眉客誰見桃
源避世仙要識本來眞面目秋潭明月影團圓
懶散疎慵事不關閒人偏自愛清閒山中冷愛冬
袍暖世上榮誇書錦還圓悟妙心傳大慧豐干老
眼識寒山祖師已矣高風遠千載名留宇宙間
退步歸山樂自然免教塵市利名牽一心應物超

空界萬化隨機度有緣俯視澗邊泉若練仰觀天
際月當弦久知佛祖神光遠縱有邪魔莫敢前
學道參禪要豁然此心端不被情牽水流溪澗終
歸海月落虛空不離天正大不妨居鬼窟清廉何
愧飲貪泉巍巍然坐斷毘盧頂悟入玄門玄又玄
山房靜坐閱人多窗户蕭條引薜蘿五教三乘俱
洞徹四支六脉自平和希夷高隱留雲卧康節閒
居擊壤歌吟到渙然氷釋處始知明鏡不須磨
佞人常愛趨權貴野老難將寵辱加妙旨玄機非
有得清風明月不須賒戒珠瑩處能除垢慧劒揮

時解斬邪寄與栖心林下叟雲遊到處即爲家
出類超羣絶點埃修心了己甚雄哉大千界裏閑
遊戲不二門中任往來除妄要憑心作主賞花不
藉酒爲媒皆知至寶生龍藏誰信明珠出蚌胎
道人家住水雲鄉雲水高深未易量住寂有心離
取舍談空無語到興亡片言揭露理無極一字推
敲味轉長榾柮漫燒節含暖隔簾風送早梅香
閑來無事倚柴扉靜看浮雲逐水飛窮究大乘知
妙法洞明方寸悟玄機歲寒存得梅花在氣候先
從栁葉歸寄語塵寰豪俊者繁華富貴總成非

貧富從天理最均世人何必弄精神舟車險峻貪
浮利市井勤勞損幻身細閱乾坤如轉磨閑觀光
景似迴輪莫言草野無賢者伊尹忠君愛國人
小結雲巢住碧峯這些佳致有誰同龍潛石洞波
濤息僧在松庵境界空老鶴一聲清夜月殘花幾
片暮春風欲知佛祖西來意萬派千江赴海東
寄語叢林老衲僧幾年塵外樂閑情一身不見諳
般若萬法空來釋姓名求玉在山方可見鎔金得
鑛自然成當時撈碎疑團子雪映氷壺徹底清
茅屋蕭條八九椽分甘清隱度時年窻前曙色侵

禪榻檻外花香襲蠹編喜有山歌閒唱和應無俗
事苦縈纏襟懷磊落人難識自信林泉別一天
日落羣山斂暮烟上方臺殿翠微連月明塔影池
中現風急鐘聲嶺外傳自愛高僧常有定誰知老
衲不談禪徧觀法界多清興頓使胸中俗慮蠲
竹溪深杳水環門坐久頻聞峻嶺猿地僻更無車
跡過林深惟有鳥聲喧待賓旋摘錦葵煮而佛時
將貝葉翻一理洞明超萬相人間勝負兩忘言
誰識叢林結社僧長年靜坐究三乘嗒然喪耦有
誰會寂爾無名不自稱心到空時離取舍言當發

處見才能有人問是何宗派報道親傳六祖燈
盡日忘機對碧山山間林下足怡顏衲衣掛樹光
風爽瓶錫随身意思閑今日結廬依寶地早年悟
法出塵衆人參若問三生話回首柴門月一彎
孤峯頂上結茅庵二六時中着意參露濕祖衣神
自爽風生禪榻夢方酣瞑觀幻境皆金地笑指浮
雲倚碧杉煅煉身心俱入妙始知前後總三三
山堂宴坐罷追求定慧光中絕證修朝看青山雲
縹緲暮聽碧澗水奔流明明心悟三生石浩浩天
涵萬古秋南北東西無住着此身蕭散樂悠悠

編茅爲屋竹爲椽結箇幽居可坐禪無事不須生
妄念有機必欲悟眞詮千章樹色堪圖畫一派溪
聲當管絃佛祖參修多寂寞蘆茅穿膝鶴栖肩
獨向雙峯訪老僧蓬門半掩坐看經霜摧小徑芭
蕉緑芽浥幽林栢樹青眼底烟光浮嫩草耳中泉
響釋春氷出家有路超生死了性空心是上乘
昨夜斗杓纔建亥應知節序届初冬繞籬殘菊無
佳色對面寒山帶瘦容紙帳淒清霜始白地爐溫
暖火初紅禪餘煨芋燒茶外一事無干任我慵
攪子香殘寶篆消定回明鑒自昭昭碧潭秋月蟾

光皎寶樹春風鳥韻調茅屋白雲常掩映柴門黃
葉平蕭條一從脫却樊籠去千古高風屬爾曹
一箇閒身不染塵花開花落自然春解空出世眞
如性消盡前生未了因飯煑石鐺香更美茶烹澗
水味偏醇楞伽閱徧心情爽只許逍遙物外人
方床曲几是生涯明月清風到處家心外觀心心
不妄眼中開眼眼無花詩名獨步宗靈徹燈焰相
傳自永嘉定起悠然無個事一爐香篆一甌茶
瓶鉢隨身歲月深園標結構在雲林一溪碧水堪
娛目萬疊青山可悅心悟後了人應了已定回論

古復論今焚香瀹茗消長晝一味清閑抵萬金
松筠一徑護幽居終日閑閑只宴如入戶暖雲浮
几席撲簾輕霧潤圖書旋將山茗和泉煑漫把園
蔬帶雨鋤堪笑利名塵市客聰明到底不如愚
一從卜築幽岩下雖有柴門逈不關澗底水流雲
影淡窻前花落蘚痕斑頻伽鳥囀寶林樹貝葉經
翻古石壇坐久心閑忘世慮翛翛清境許誰攀
到處溪山即是家山居瀟洒靜無譁蓬窻天曉雲
分色竹徑秋深菊放花爐火漫添焚欖子澗泉旋
汲煑靈芽堪嗟役役迷途客不識閑僧野趣嘉

萬景紛紜意懶觀忘情終日坐蒲團袈裟稱體禪
心廣山色當窻慧眼寬山茗閑烹堪省睡野蔬淡
煑可供飡清幽賸得壺中樂潦倒無心利不干
世上喧嚣總不聞道林深處絶塵氛連床默坐忘
公案曲逕閑行看野雲飛瀑遠從天外落好山遥
向坐間分楞伽閲罷心如水石鼎頻將栢子焚
本分幽林作隱僧又無煩惱又無驚夢回禪榻人
稀到步入松陰鶴自迎宿火着香龍腦白晚烟籠
竹鳳毛青老年不改堅貞操要與松筠共結盟
逍遥隨分過年年縛竹爲庵意自偏不使是非來

耳畔肯敎名利到身邊蒲團入定跏趺坐紙帳無
憂快活眠從此便能休歇去免教幻體受憂煎
宴坐山房土漏沉東方月出轉踈林可無子建能
詩意賴有香巖契道心颯颯風生聞虎嘯涓涓水
淨聽龍吟慧光一點明如鏡皎潔難容俗慮侵
擬向幽林結小齋梅花紙帳不安排山中風月堪
成趣世上功名肯掛懷四季常披麁布襖多年猶
着舊麻鞋自家撿點門前事野鶴孤雲是等儕
屏跡深山得自然飢來喫飯困來眠頻伽鳥報春
刪訊優鉢花開雨後天曲几焚香翻貝葉方床穩

坐味枯禪菩提路上無人走却取寒氷爲火鑚
潔己修身一老翁早年悟道出樊籠慈悲應感千
機熟清淨圓明萬法空世上繁華從爾占山中佳
景許誰同有人來問無生旨風靜閑雲掛古松
塵夢難同鶴夢清長年靜坐究無生千般富貴難
移志萬種繁華不動情花落蓬窻香自遠鳥啼竹
檻韻尤輕有時悟入眞空境雲自無心水自澄
蓽門圭竇意何如草舍難容駟馬車寶軸經翻華
藏教玉樓人寫紫泥書榮華世上皆虛幻查滓胸
中盡掃除只有青天明月好年年夜夜照幽居

靜室焚香息萬緣心如秋月掛中天塵塵不染清
涼境法法圓融冷淡禪薝蔔花間生瑞氣桫欏樹
底起祥烟道人行滿功成日一箇閑身樂自然
木落空山過客稀對山宴坐獨支頤莊周夢蝶喜
雙化楊震辭金畏四知誰離紅塵來聽法自拈黃
葉去題詩行藏只有天為侶何用勞勞着意思
分甘淡泊息謀猷得向林泉樂勝遊禪縛已從空
外脫塵緣都在靜中休看來富貴風中燭識破功
名水上漚從此一身栖物外等閑無夢到瀛洲
凝然兀坐似騃癡恬淡由來只自知破衲方袍堪

度歲麄茶淡飯且隨時迂踈雅量誰能識蕭散幽
懷自不羈應是逸人心眼闊等閑和出百篇詩

定園睿製集卷之七

定園睿製集卷之八

五言絶句

錦城

春日照譙樓山川景物幽成都天府地極目似瀛洲

志喜

丹詔降金門親藩感聖恩鵲聲先已到喜氣徧乾坤

雲中丹鳳下天闕降綵綸雨露沾濡溥多方總被恩

牡丹

內苑殿春開仙衣孰剪裁天香浮凡席宮錦簇亭臺

子規

枝頭啼血處遊子夢初回月落空林曉聲聲只勸歸

題畫

池上雲亭好青山映碧波倚闌吟玩處魚戲動新荷

江天小景

江水接天浮滔滔晝夜流挑花春浪暖穩我駕扁舟

問寢

五夜漏聲殘冠衣早問安日高金殿曙喜色動龍顏

聽徹曉鷄啼龍樓問寢時天顏應有喜再拜獻瓊巵

午坐

午坐小軒中香銷寶篆空緑槐清晝永閒理舊絲桐

夜坐

池臺夜月明涼思逐風生坐久忘歸寢荷香入袂清

登樓

晝棟倚雲高登臨氣勢豪乾坤雙眼豁飛鶴下林皐

閑居

閑居日正長風送落花香此中塵事少移榻近清涼

即事

深院綠陰涼呼雛乳燕忙晝長初睡起與客泛壺觴

水亭

翠柳遶朱闌青山隅岸間閑遊忘世慮時看白鷗還

山家

茅屋近青山柴門不掩關此中車馬靜心與白雲閑

書懷

庭外綠陰涼風吹菡萏香清幽多好趣吟罷興偏

長

山居

地僻人稀到幽居屋數椽吟詩消白日飲酒樂長年

池上

雨過小方塘清風拂面涼閑遊移短棹玉竿泛瓊漿

遣興

流水遶幽居青山畫不如心清忘世慮閑坐閱經旨

七言絶句

奉歡堂

雙親悦豫樂安康福壽彌增歳月長定省晨昏能
養志綵衣拜舞捧霞觴

畫龍

嘘雲噴雨躍天津頭角軒昂變化神九五正中方
在御快從佳會去攀鱗
或躍深淵或在天大施甘雨潤山田出雲頭角軒
昂起澤被羣黎慶有年

寄光澤和尚

倏忽相違又一年紅塵白日易推遷近來勘破眞
空理物外逍遥得自然

歲暮偶題

萬紫千紅已謝殘惟存松竹傲嚴寒暮年不改堅
貞操正色蒼蒼最耐看

杜門謝客絶嫌疑人是人非摠不知翠竹自存氷
雪操蒼松獨抱歲寒姿

寵辱從來了不驚任他利口自縱横四時不改氷
霜操要與寒梅共結盟

寄道士

知爾經句不出關杳無塵夢落人間青精飽食身康健林下襟期自放寬

題畫

喬松蓊鬱色青青萬疊峯巒一水縈扶杖山翁行鮮徑灑然風度出常情

道者進茶

采得山中穀雨春緘封遠寄感幽人呼童旋掃庭前雪活火烹來氣味新

采得山中穀雨春松風入鼎沸香塵一甌啜罷風生腋便欲蓬萊訪羽人

采得山中穀雨春仙宮深處爽精神清宵坐對梅
花月一洗心胸萬斛塵
采得山中穀雨春滿襟清氣助吟魂從他金帳羊
羔美不似陶家意味貞
采得山中穀雨春就中誰解妙通神盧仝已入蓬
萊去更有何人繼後塵

寄西軒叟

別去韶光又幾春落紅萬點委芳塵幾回悵望雲
連樹感舊懷今憶故人
又值新年富貴春師臣寂寞困泥塵世間多少炎

涼態冷眼看他澆俗人
陋巷貧居度十春嗟君老去走風塵歲寒松栢凌
霜雪不改忠誠有幾人

贈綮師

貌古神清異衆僧不求榮達不求名灰心冷坐寒
岩下勘破如來第一乘

觀察

祠官導駕肅登壇濟濟威儀覲　聖顔一寸誠心
能感格神靈降福五雲端

白露

白露消消下廣庭銀河皎潔月華明淒涼萬籟深
沉後冷滴蒼苔夜二更

桂花

金粟花開碧玉枝不隨羣卉獨清奇月明庭院秋
風起萬斛天香入降帷

促織

娟娟月影弄秋陰庭院時聞蟋蟀吟泣露淒涼送
素景迎風斷續發清音

蓼花

澤國幽花散晚紅雨餘香憑問芳叢繁枝淺蘸湘

江水翠葉輕搓楚岸風

題畫

寶刹凌雲瑞氣騰危峯疊嶂勢稜層何當辦我登
山屐擬向叢林去訪僧

適意求魚豈肯官腰金衣紫不如閑青山綠水無
更變堪嘆浮生一夢間

題洞賓

岳陽樓上任逍遥遠望君山氣勢高來往塵寰人
不識翻身長嘯入雲霄

謾興

霶沱好雨洗炎歊漸覺涼生暑氣消羌笛忽從雲外響喚回塵夢韻偏饒

浣溪偶成

疋馬閒遊到草堂風飄隴畝稻花香滄浪亭上秋光好釃酒長吟對夕陽

題山水圖

二妙談論道味長不知人世有興亡山中寂靜仙凡隔深入雲林路緲茫

縹緲烟嵐鎖翠巒水雲深處足怡顏紅塵不到無塵境閒把瑶琴膝上彈

宿嘉陵驛

久客他鄉値早秋逢時感舊動羇愁夜深厭聽江聲響幾度思家獨倚樓

醉後題僧院

醉後千愁萬慮空如今潦倒愧諸公偶來福地忘塵想夜靜虛廊葉墜風

經汾陽舊宅

依然舊宅倚長河颯颯秋風捲碧波此地萬生豪傑輩留名青史獨無多

十日菊

節後開來世始知遊蜂還自戀疎枝霜天冷落無人玩一夕幽香未必哀

老圃堂

溪山深處結茆廬清曉園中帶雨鋤誰識幽人甘隱遯夜來猶自讀殘書

偶興

還憶當年四十春也隨僚友踏芳塵光陰代謝如流水坐對韶華嘆世人

悼亡妓

香魂零落隕黃泉一別音容又十年愁絶凄涼烟

雨裏何人當座理朱弦

送元二使安西

溟濛細雨濕香塵兩岸垂楊翠色新祖帳洪開頻

勸酒驪歌一曲送行人

三月晦日寄劉評事

時節推遷三月盡閑愁空老百年身從君別後音

書少此日何人解惜春

武昌阻風

武昌江畔住扁舟風起狂波逐水流幾度思鄉魂

夢斷亂山落葉不勝愁

己亥歲

萬里飛騰過遠圖一霑甘雨物皆蘇逢人莫問興亡事幾見冬寒草木枯

伏翼西洞送人

瓊島琪花爛熳開送君出洞莫遲回此心雖是無塵想秖恐世人重又來

題明惠上人房

禪堂講罷散天花年老應須飯白麻徐步携笻林下過松梢涼露濕袈裟

寄許鍊師

碧落無雲月滿空夜深禮斗向仙宮懸知塵慮難紛繞身在清虛冷淡中

秋思

清響松聲萬壑風秋來愁思亂重重故園迢遞家千里鴻鴈來時寄一封

懷吳中馮秀才

候蟲鳴砌冷蕭蕭萬里關山去路遥一别故人相憶處淡烟明月滿溪橋

念昔遊

遥憶昔時遊賞日吟詩酌酒倚東風眼前不覺韶

荒老鰈困鶯慵細雨中

寄友

節序推遷物換時故人兩地各相思憑高遠盻傳
書鴈日落風清颺酒旗

經賈島墓

遠過孤墳石逕斜閬仙一去更堪嗟因携斗酒山
前酹颯颯悲風掃落花

修史亭

數陳曾奏九重天一別于今幾百年自是史臣能
直筆豈干厚祿積緡錢

題竹

凌雲勁節傲嚴霜覆檻繁陰接畫廊夢入九疑天
萬里淡烟疎雨過瀟湘
嶰谷風清彩鳳鳴敲金戛玉戰寒聲飄然一段遊
仙興寫出湘江無限情
閑寫篔簹畫裏看清風日日報平安愛渠不改堅
貞操勁節相期保歲寒
涼影扶踈帶月華滿林寒玉翠交加憑誰寫作瀟
湘景鎮日相看趣正嘉

詠魚籃觀音

鬅鬆赤脚懶梳頭踏破迷雲四海遊籃裏金鱗無
處賣只緣價重少人酧

詠大義普賢境

大義峯頂甚雄哉境界如銀一色開天下人來瞻
仰處白雲擁出象王來

三教圖

三老談論歲月深仁慈設教利羣生蹤迹各立門
風別大道從來沒兩心

一團和氣

拄杖橫擔破布裘大千沙界一齊收團圞自任鉤

鶯聽不惹人間半點愁

孟秋山居

瀟灑幽亭傍翠微更無塵事到柴扉柳間黄鳥聲猶巧未覺山中草木稀

亭上

江上幽亭翠靄間捲簾清氣滿南山間來無事觀書罷倚徧闌干看鶴還

秋夕

長空大火已西流漸覺涼生暑氣收閑步闌干吟好句香消寶篆月當樓

登樓

水面波光映畫樓白雲縹緲起山頭闌干倚徧斜陽晚牧笛吹殘野外秋

秋夕口占

梧桐一葉墜銀床便覺風生枕簟涼何處笛聲吹夜月淒清音韻入詩腸

寫懷

細雨無聲枕簟涼西風拂拂透衣裳誰家笛韻淒清響驚見庭前落葉黃

曉望

極目江樓望四方曉來日色映秋光閑吟漫倚闌
干處萬里乾坤入渺茫

晚吟

雨過空庭作晚涼凭闌閑詠興偏長窻前微有清
風度送得蟾宮桂子香

中秋賞月

暮雲收盡月華涼風送宮庭桂子香坐久夜深添
好興漫聽絲竹按霓裳

秋夜

萬里雲開月正明誰家砧杵韻淒清客中聽此添

愁興漫寫銀箋無限情

早冬

疎林葉落曉霜寒秋去冬來菊又殘檻外梅花繞
綻蕋滿襟清興在毫端

定園睿製集卷之八

定園睿製集卷之九

七言絶句

絡緯

娟娟月影弄秋陰庭院時聞絡緯吟泣露凄凉逢素景迎風斷續發清音

絡緯聲殘月影低候蟲處處促寒機夢回客邸悲秋晚感物悠然有所思

鴛鴦

翠鬣紅翎暎碧流浣花溪上自悠悠忘機飛入青蘋渚驚見漁翁把釣鈎

兩兩三三泛碧溪往來隨伴不分飛灘頭日暖眠沙穩渡口風高逐浪稀

金鳳花

檻外名花手自栽芳叢如綴鳳苞開中庭雨過無人掃零落殘紅點翠苔

雨過幽庭送晚涼鳳仙花發映紗窗紅葩翠葉眞堪玩雅稱伶奴搗玉缸

白露

白露消消下廣庭銀河皎潔月華明淒涼萬籟消沉後冷滴蒼苔夜二更

清曉蓮塘玉露垂瀼瀼波面浥紅衣秋深凝結金
盤冷滴瀝花梢待日晞

桂花

風飄桂子發天香玉宇無塵碧樹涼月底開樽花
下飲恰疑微露滴仙裳
金粟花開碧玉枝不隨羣卉獨清奇月明庭院秋
風起萬斛天香入錦帷

蓼花

淺紅疎翠映江波長伴漁翁欸乃歌粧點秋江無
限景隨風香穗覆烟波

澤國幽花散晚紅雨餘香穗間芳叢鯀枝淺蘸湘江水翠葉輕搖楚岸風

敗荷

西湖秋老敗荷枯雨折風摧葉半無不見翠盤凝曉露尚留蒼柄伴寒蘆

飄飄昨夜秋風起驚見池塘翠蓋彫雨壓枯莖徧寂寞風吹碎影更蕭條

梨實

纍纍瓊實滿林端玄圃秋深味正堪嚼碎水霜寒透齒甘香猶可醒餘酣

含消佳果熟堪嘗滿樹纍垂帶淺黄清曉寢園初
薦處西風庭院露華凉

漁燈

隔江漁火照前村短笛横吹野外聞隱隱寒光明
遠岸綠蓑烟雨夜將分
爍爍燈光映水流月華凉浸碧天秋遊魚潑剌鳴
江渚宿鷺聯拳傍釣舟

中秋

玉宇無塵午夜凉銀蟾皎皎散清光廣寒宫闕開
筵讌一曲霓裳舞袖長

飄飄桂子影婆娑皓月涼生太液波與客南樓同玩賞數聲長笛夜如何

衰柳

水國微茫暮雨天幾行衰柳帶疎烟漸看黃葉凋零盡那有長條繫畫船

幾陣霜風送晚涼長隄官柳漸彫黃柔條莫遣行人折寂寞那堪在道傍

柿子

內園紅柿已經霜美實纍垂氣味香散彩含津稱七絕枝頭顆顆燦晴光

林間柿熟色堪看火齊枝頭顆顆丹知是內園初
貢處嘗來猶帶露華寒

菱

菱池新水漾清波秋老橫塘翠角多曾伴漁翁歌
欸乃月明長留起烟莎
翠葉參差浸碧流白花開處值新秋佳人採摘歌
聲遠驚起灘頭雙玉鷗

秋海棠

小紅踈翠媚秋光遶砌嬌嬈類海棠不逐夭桃開
麗日且隨黃菊傲寒霜

翠葉飄飄帶露鮮紫綿開向暮秋天吟餘緩步瑶階下可愛幽花鬪晩妍

鷹

翙翻裁雲上碧空老拳攫兎勢爭雄翺翔萬里秋天闊木落山空隊晩風

雲散長空爽氣浮蒼鷹鐵爪勢橫秋翩翩羽翮金風外搏擊飛鴻掣錦韝

霜降

月明青女試鉛華曉起嚴寒透碧紗染得楓林紅似錦東籬又見菊開花

寒氣凌晨萬瓦明曉來青女散雲英園林草木將彫落應候豐鍾覺自鳴

栗

可愛霜苞熟晚秋曾聞千樹抵封侯風吹罅裂瓊肌露日曬皮開紫色浮木落山空秋氣清萬株秋實亂稜稜山翁服餌延年壽衰弱應須啖數升

蘆花

雨折風摧不自扶白花黃葉影蕭疎深秋景物清人思粧點寒江似畫圖

蘆花開處值深秋似雪漫漫散碧流最愛浣溪明
月夜隨風飄落點漁舟

霜朝

喧喧飢雀集前簷寒氣凌晨曉更嚴畫角吹殘聲
哽咽海門紅日上朱簾

曉起霜華滿地濃月沉清影下簾櫳林間萬木凋
零盡惟有江楓葉染紅

新酒

霜冷閨鑪獸炭添玉杯新醞喜先拈由來能發詩
人興滿飲千鍾似蜜甜

宜春新酒熟堪嘗瓦瓮盛來味正香喜值田家秋社日農民歡慶醉壺觴

鷄冠花

倚闌那得許高鷄只露紅冠隔絳帷引頸昂頭疑欲鬬迎風冒雨訝將飛深秋可愛鷄冠草應候將鳴只少聲倚檻風搖形似鬬臨堦雨重勢如驚

曉寒

曉起霜華撲地濃曈曈旭日上簾櫳金盃滿泛羊羔酒暖閤圍爐獸炭紅

霜明風勁屆初冬簾幙低垂日影紅窗外傲寒松竹翠相看清興浩無窮

落葉

一夕霜寒木葉凋曉來庭外舞飄飄隨風散亂渾如錦雅稱題詩逸興饒

蕭蕭昨夜起霜風萬里飄零木葉空片片泛流隨水去誰拈玉管寫情衷

鵲

喧喧乾鵲噪簷前曉起芸窗日影圓報喜偶然來內苑引雛時復過平川

靈鵲庭前報曉晴羽毛黑白更分明一從銀漢成
橋後兩兩飛來傍畫楹

早梅

南州日暖早梅開玉貌横窗絕點埃緩步巡簷閑
索咲清香獨占百花魁

江上開梅似玉人倚風窗外淨無塵暗香踈影清
詩思獨占人間第一春

鴉

成羣結陣過空城風外横斜噪晚晴斷續聲中孤
角起翩翩數點落沙汀

寒林古木噪歸鴉落日風高接翅斜時見將雛投
迴野雙雙飛去帶殘霞

山茶花

明窻淨几絶纖埃檻外山茶冒雪開映日紅葩如
碎錦吟餘閒玩步莓苔
冒雪山茶鶴頂丹紅葩翠葉耐嚴寒冬來草木皆
凋落獨有名花更可觀

曉霧

溟溟漠漠暗山川曉起漫空翳碧天恰似鴻濛猶
未判待看紅日上雲邊

嵐光寒、霧瑣長空晻曖微籠旭日紅澗壑深山玄豹隱曉來簾外尚冥濛

白鷴

講餘青瑣倚雕闌閑向堦前看白鷴日暖紅冠光粲粲風飄素錦色爛斑

絳幘霜翎信可誇翩翩縞羽映晴紗風輕逐伴栖烟樹日暖忘情浴淺沙

牧牛圖

騎牛豎子過前村短笛横吹野外閒日暮揮鞭歸去晚緑蓑烟雨亂紛紛

雨笠烟蓑日已斜 牧童橫笛晚歸家偶觀圖畫題
詩句閑染霜毫蘸墨花

曉寒

曉來青女試鉛華 冷浸乾坤幾萬家凜冽寒風侵
挾纊雅宜斟酒啜流霞
凍雲欲雪布長空曉起圍鑪獸炭紅窗外江梅緘
玉蕊林間寒葉戰狂風

蒼苔

疊疊苔錢似錦萍團團黛色染輕青詩人緩步堪
吟翫雨積堦前翠滿庭

消消微露濕莓苔積翠爛斑點玉堦雨後幽庭人迹少芸窻吟對好開懷

氷

昨夜霜風透體寒曉來池水結氷堅稜層似玉光清潤皎潔如銀色瑩然凛冽寒風冷襲衣圍鑪清曉泛金巵簷楹滴溜成瓊柱沼沚凝流作玉澌

喜雪

昨宵捲地起狂風曉見庭前雪舞空喜遇臘前三白後爲人早巳報年豐

曉起長空瑞雪飄俄觀庭樹盡瓊瑤隨風踈密粘
雕檻疑是琪花落九霄

御史

只今臺閣重儒臣御史青雲列要津此日賜冠名
獬豸他年當道説埋輪

文章御史久爲郎奉命西來道路長驄馬行行皆
畏憚蘭臺名著遠流芳

水仙花

秋水爲神玉作肌風前瀟洒最清奇月明庭院霜
華重疑是神仙降玉墀

凌波微步簇神仙簾外清香曉色鮮翠佩塵消風冉冉金盃露沁月娟娟

觀鶴

羽衣丹頂號仙禽喜傍林泉弄好音飛舞蹁躚眞可玩芸窗相對助清吟

丹砂爲頂雪爲衣華表千年今又歸兩兩庭前相對舞數聲清唳月明時

出郭

乘閑緩步出城西路轉清江望欲迷突兀仙宮連遠漢隔溪茅屋傍雲低

行行策馬出南郊萬里天風拂錦袍兩岸寒梅開玉蕋長江雪浪滚波濤

啼烏

娟娟明月浸霜華夜坐書窻興趣嘉一曲瑶琴彈未了萬年枝上噪寒鴉

凛凛霜寒角韻凄烏鴉啼在夜深時幽庭月冷驚殘夢感物悠然有所思

探梅

緩步寒筇過遠村寒梅嫩蕋玉精神雪深四野添詩興忽見踈花數朶春

凌寒策蹇去尋梅喜見枝頭帶雪開相對推敲詩
未穩滿襟清氣助吟懷

鳳凰

彩羽依稀絳幘高碧梧枝上任遊翺待時一出呈
祥瑞覽德來儀下九霄
朱冠彩羽獨清奇應候高翔覽德輝五色成文殊
衆鳥簫韶九奏自來儀

蠟梅

別是天然一段姿金英蠟瓣獨清奇幽香時噴盈
書几嫩色芳凝碧玉枝

聞道梅花似蠟花遠從眞蠟到中華清香疑是薔微露半額宫粧信可誇

紅梅

宴罷瑤池阿毋家誰將絳雪點寒葩夜深跨鶴歸來晚醉倚雕闌看杏花

白雪歌殘酒未醒偶隨凡艷屈眞情也知造物含春意故遣氷姿染絳英

釣雪

扁舟閒泛碧波間百尺絲綸一釣竿只恐雪深無泊處綠莎清夜不勝寒

一灣流水碧漣漣獨釣磯邊雪滿天兩岸雲深寒
氣肅隔江人喚打魚船

新正春堂志喜

暖氣融和曉日升新正風景悅人情書怱講罷無
餘事閑看祥雲布錦城
風和草木漸回春美景良辰次第新眼底韶華生
意滿迎春相贈縷金人

瑞香

翠葉婆娑映碧紗幽香一種信堪誇廬山分種來
西苑春暖庭前放紫花

曉來枝上拆纖囊春暖融和散異香映日初開紅
錦蕋倚風新試紫雲粧

春風

曉來庭院和風起正值新春美景時輕拂幽蘭香
泛泛微舒官柳翠依依
草際輕烟暖日融斜穿綉陌散香風春寒猶自侵
羅綺拂破花稍淺淺紅

書齋午坐

春來天氣漸融和午坐幽齋景物多幾度倚闌堪
適意閒看紫燕掠青莎

檻邊烟霧瑣垂楊寶鴨焚香午漏長兀坐小窻無一事琴彈流水泛瀟湘

殘梅

殘雪飄香拂袂寒幽軒時復倚闌干當時曾醉花邊酒不比尋常夢裏看

信步閑行近水濱殘梅片片委芳塵春光滿目堪題詠幾度臨風盻望頻

春雨

雨餘庭草色芊緜四顧山川紫翠連吟罷好懷多爽塏園林花木競芳妍

春來好雨喜新晴閒上南樓望眼明洗出山容多
秀麗染成花萼漸敷榮

春陰

細雨溟濛濕未乾羅衣猶怯曉來寒春光今落遊
人少坐看雲烟瑣翠巒

柳困花遲雨更多曉來池水漾新波簾垂不捲西
樓暮玉笛吹殘發浩歌

新柳

已見鵝黃上柳枝春來無處不成絲娉婷自是多
情物長與人間管別離

依依春色上柔條裊裊墻頭學舞腰好是雨□天
欲暮含烟輕瑣夕陽橋

早春聞鶯

正值春光荏苒時早鶯啼在小橋西緜蠻學語聲
猶溢飛傍幽林穩處栖
曉起園亭暖日升忽聞柳外轉嬌鶯遷喬飛入芳
叢裏猶聽風前恰恰聲

桃花

千樹桃花綻曉紅無言默默咲東風天台劉阮知
何在嘆息于今事已空

一枝濃艶倚風斜綽約嬌姿散彩霞信步欲尋溪畔路武陵深處有仙家

海棠花

錦香亭北倚闌干翠袖輕盈怯曉寒只恐嬌姿春睡重故燒銀燭夜深看

二月韶華滿錦城海棠開處弄春晴芳姿爛熳如堆錦困倚東風酒未醒

梨花

帶雨輕盈散異香滿林素色媚春光夜來窗外添虛白見得梨花淺淡粧

溶溶月色照芳神縞素冰姿絕點塵吟艷臨風千
樹雪玉容帶雨一枝春

春宵

鞦韆院落夜沉沉花散清香月弄陰一榻暖風生
繡幙子規啼處落花深
閑步幽庭興味清月移花影上雕甍歌殘雅調傾
金斝賦就新詩按玉箏

柳枝詞

日上風和春霧消平堤嫩柳擺長條美人半揭珠
簾看裊裊婷婷舞細腰

楊柳烟輕瑣畫樓絲絲金縷舞風柔呼童載酒尋
芳去黃鳥多情為我留

紫荊花

殿閣風輕雨乍晴紫荊花發映雕甍想應田氏將
分日此木先枯後復榮
春暖幽庭麗日遲荊花開遍散葳蕤絲綸閣下閒
遊玩緩步東風漫賦詩

春山

三月春山叫杜鵑崔嵬青翠瑣雲烟野花幽草添
詩思賸有遊人共醉眠

舉目青山似畫圖深紅嫩綠漸縈紆數巍峩萬疊凌霄漢立馬東風聽鳥呼

楊花

顛狂柳絮逐風飛江上紛紛點客衣不覺韶光今又暮漫空撩亂送春歸

楊花開遍暮春天散漫隨風太放顛疑是瓊英飄院宇有時撩亂撲華筵

燕子

睡起幽窗晝漏長雙飛紫燕爲誰忙知時相對營新壘掠水啣泥入畫堂

呢喃燕子往來飛日暖閑庭春晝遲逐隊營巢尋
故主畫梁相對説烏衣

荷錢

池塘春水碧漣漣萬選新荷長翠鈿閑倚畫闌清
可玩香風時送到亭前

雨餘芳沼漾清光可愛荷錢出水香日暖田田浮
翠葉風輕點點泛方塘

薔薇

九十春光已暮天薔薇開遍更芳妍迎風恰似舒
丹錦滿架妖嬈帶露鮮

朵朵含風拆綵囊枝枝映日散清香幽庭試揭湘
簾玩雅態輕盈逞艷粧

新筍

昨夜春雷振舊根曉來脩竹長龍孫脫棚出土穿
花塢粉籜披烟出短垣
滿林新筍亂森森雨過閑看玳瑁簪破土宛如黃
犢角他時待聽作龍吟

荼蘼

素艷臨風拆麝囊綠雲裊娜萬條長日烘玉蕋施
輕粉露浥銀葩散異香

荼蘼開向暮春天滿架瓊瑤帶露鮮暖日晝長香
可愛清風時送到庭前

定園睿製集卷之九

定園睿製集卷之十

和唐賢韻七言絶句

題張道士山居

來訪山林羽客家風和仙洞發春花黃庭閟罷臨丹竈火候溫溫飛紫霞

寄李渤

杜鵑花發映山紅日落閑聽野寺鐘欲寫新詩何處達想君仍隱最高峯

南莊春晚

滚滚江波漾釣舟乘閑載酒到林丘東風吹落花

無數惱亂離人萬斛愁

長溪秋思

寒溪秋盡碧波流策杖閑行古渡頭漁笛吹殘風淅淅蓼花紅伴客中愁

隋宮

草生柳暗夕陽斜野鳥無情浴淺沙玉殿朱樓俱不見空餘壞壁數人家

綺岫宮

重門閉瑣畫樓空惟有林巒遶舊宮翠輦不來行殿廢落花啼鳥自春風

送三藏歸西域

路歸西域幾千里演法長途鉢有龍別後欲尋行迹處深深禪寺曉鳴鐘

長信秋詞

庭院風清桂子開對花無語意徘徊秋光冷落黃昏月盻望長空鴈不來

吳城覽古

繁華如夢總成空臺榭荒凉夕照紅歌舞不聞人世換寒烟野草暗吳宮

江南意

獨自沙堤去採蘋偶然回首更傷神可憐三月春光暮少見東郊拾翠人

閑情

辛去年來春已暮桃花落盡燕雛飛軒前無事行吟處柳絮紛紛亂撲衣

曲江春草

匝地蒙茸拂曉烟隔江遥望色相連謝池曾得詩人詠南浦偏宜醉客眠

山路見花

花開能得幾時新獨向山中占早春只恐紅芳留

不住隨風零落逐香塵

逢入京使

路入京都正渺漫別君淚眼信難乾到家不獨慈顏喜猶得趨庭細問安

送客之上黨

暫駐花驄柳外嘶離筵酌酒唱銅鞮此行正值春光早纔見參芽長未齊

病中遣妓

楊枝裊娜舞堂前久病幽齋獨自眠不管花開與花發只吟詩句樂青年

華清宮

五雲深處有仙家日暖桃開並蔕花自是華清多雨露年來先進邵平瓜

宣州開元寺

偶來紺宇寄幽棲鶴立松梢月影低一點紅塵飛不到閑觀瀑布瀉清溪

山行

路入深山石磴斜竹籬茅舍兩三家奚囊但喜添新句不覺風吹松樹花

寄山僧

他年淨土花開處曾與高僧有舊期欲得從師參道妙不知重會是何時

寄人

曾與幽人舊有情秋風乍起別愁生詩成欲寄無征鴈獨立西廊待月明

過南鄰花園

興來攜酒到鄰家荏苒東風醉物華喜遇青春莫虛度好吟詩句復看花

宮詞

花底焚香深閉門蛾眉慵掃未承恩珠簾半捲傷

春意雨滴天階日又昏

漢江

長江蕩漾浪花飛風冷雲寒襲客衣芳草渡頭春
雨裏漁人披得一蓑歸

寄維陽故人

駘蕩東風拂柳條故人別我去程遥春光不管長
江水盡日溶溶拍畫橋

送友人之上都

山林從此故人稀祖餞春郊盡醉歸聖代需賢多
雨露看君鳧鷹近雲飛

山中

數椽茆屋足幽棲雲水蒼茫日又西車馬稀來境岑寂亂山深處聽鶯啼

酧曹侍御

寸心長逐水東流獨倚危欄望去舟別後故人書訊杳欲期再會復何由

宿武關

南北東西總宦遊武關度盡是神州無端一夜秋風起鄰笛吹殘故國愁

題開聖寺

蒼烟和露晚來濃日落高樓響暮鍾暫住禪房息塵鞅臨風吟句撫孤松

宿杭州虛白堂

月明清露滴虛堂八極雲開霧氣蒼蛩響空階眠不得銅壺漏盡夜初長

晴景

雲開野外山川麗日暖園林早放花蝶趂遊蜂過別院風飄飛絮落誰家

社日

平田稻熟蟹初肥社日人家掩竹扉日暮兒童喧

鼓吹鄉閭父老醉忘歸

自河西歸山

渡水行山石磴危林深陰容曙光遲崎嶇路遠稀人跡縱有雕鞍不敢騎

野塘

秉興攜節獨徃來芳塘日暖野花開偶然放棹閑遊處折取荷筒當酒盃

歲初喜皇甫侍御至

萬里江湖遇故人盡簪懽飲不憂貧今朝且喜新正日始覺交游老此身

送魏十六
欲寫新詩送使君杜鵑啼血不堪聞孤帆遠別長江去極目高樓望白雲

送王永
春風江上送君遊離思應同水共流祖帳酒酣那忍別殘花點點落溪頭

酬楊八副使赴湖南見寄
胸懷錦繡見高材采筆題詩向鳳臺自是倚欄惆悵處西風消息雁傳來

逢鄭三遊山

春風駘蕩草蒙茸知在雲山第幾重歷盡峯巒忘
險處相邀携手看喬松

重贈商玲瓏兼寄樂天

醉後何妨寄楚辭知君應是愛吾詩幾回寫寄相
思意日落長空鴈過時

採松花

欲學參玄思養性仙方有術好相教松枝花發應
宜採只恐人驚鶴出巢

哀孟寂

記得當時相會日念君瀟洒正青年不知精爽歸

何處玉折蘭摧野渡前

患眼

近來眼目欲昏暗始覺浮名悞此生移榻負暄簷底坐看書字畫不分明

感春

萬里遨遊影伴身客中感興爲傷春一年好景都虗度獨立東風憶故人

西歸出斜谷

蹇驢行險過褒斜遠望孤村只數家借問遊人向何處西歸驛路探梅花

答聿丹

性喜清閑忘勢計誅茆爲屋可安身知君久住林泉下高節清風有幾人

九日憶山東兄弟

兄弟多年嗟遠別登高眺望念親親偶逢佳景增離恨不見東籬賞菊人

葉道士山房

訪仙因得到藍橋忽聽丹臺響洞簫借問道人何住久桑田幾見變江湖

宿昭應

古殿荒凉千歲壇他時曾此宿朝官緬懷前代祈靈處細雨斜風晚色寒

江村即事

萬里無心一釣船羣鷗依傍淺沙眠江湖多少清高士茅屋柴門住水邊

宮人斜

金鈿翠袖隕塵泥落日徒聞鳥亂啼往事蕭條閑歲月空餘宰木野禽棲

過春秋峽

峯巒雨後一番新峭壁顛崖草木春此地古今恒

不變年年改換徃來人

初入諫司喜家室至

舉桉齊眉説孟光一舟萬里下滄浪豈期别久今
相見書信毋煩寄鴈行

寄襄陽章孝標

子抱多才近日邊吾今笑傲樂林泉思君欲寫詩
相贈中夜懷思覓不眠

舊宮人

惆悵深宮獨自悲舞腰渾似緑楊枝如今漸覺朱
顔改不似當年裊娜時

小樓

樓外松篁色更青遠山數點列雲屏秉閒登眺忘
歸去雅稱焚香閱聖經

宮詞

漫將詩句付題紅日自西沉水自東翠輦不來宮
闌靜凭闌無語立春風

祇役遇風謝湘中春色

麗日帆開水色新江堤花柳媚青春數聲啼鳥東
風暖二月韶華最可人

過勤政樓

登臨懷古情何極畫棟危樓半有無人去百年遺
恨在空留明月照金鋪

送客

遠望孤帆去不回此行應想到陽臺途間莫恨無
淸趣處處冬風已放梅

靈巖

招提深處靈巖靜路逕苔封人迹稀策杖試登閑
縱目吟詩有興竟忘歸

柳枝

裊娜和煙匝錦城昔年曾護亞夫營可憐也是無

情物長被遊人折送行

自遣

飛絮紛紛舞半空凭闌吟句倚東風年來漸覺桑榆晚白髮蕭蕭已是翁

華陽巾

何人製作謾留名雅稱神仙衣鶴翎細閱黄庭猶不寐夜涼端坐看明星

秋色

露濕疎林冷未消曉來濃淡樹迢迢從容緩步金階上袖拂輕烟退早朝

酬李穆

今朝靜坐思無涯乘興相過路不賒可愛山翁情最好客來沽酒向東家

休日訪人不遇

日來無事頗偷閑豈謂高人出未還蕉葉戲題回首處緲茫流水遶前山

湘江夜泛

新月初生曲似弓扁舟蕩漾楚江中杜鵑啼處傷歸思無限淒涼夜半風

贈侯山人

林泉高士不求聞賦就新詩擬贈君正欲相期拾
瑶草青山深隔幾重雲

寫情

浮雲淡淡水悠悠兩地相思恨未休倚遍闌干看
明月強吹羌笛倚高樓

竹枝詞

風晴日暖曉烟消擬欲相期泛畫橈萬里長江帆
去疾不知何處是藍橋

聽舊宮人穆氏歌

閒看雙星幾渡河當時曾唱竹枝歌如今冷落朱

顏改愁對西風白髮多

訪隱者不遇

竹遶沙溪水自流遠山濃淡片雲收高人不遇空回首滿路香風桂子秋

重過文上人院

飛逐冥冥雲外鴻無心久住梵王宮幾回過訪談禪道悟得眞乘萬事空

題鶴林寺

忽聽鍾聲杳靄間尋師話舊看青山信知此際紅塵少鶴隱高松僧自閑

宮詞

御溝氷泮水空流倦倚雕闌獨自愁每到夜深明月上怕聽玉笛奏樓頭

將赴吳興登樂遊原

時泰遨遊尚未能今來買棹訪詩僧想應原上行吟處烟雨淒涼對古陵

鄭瓘協律

君攻詩律千人敵話舊常懷雪夜船退避喧煩眞得趣無愁無慮度長年

贈魏三十七

從來美玉絶纖瑕羡子胸中貯五車遥想春來多
雅興巡簷索句詠梅花

湘妃廟

月滿空山水滿湖靈妃曾見幾榮枯可憐帝舜南
巡日此地年年長緑蒲

秋日過貟太祝林園

步入幽林數里餘鳥啼清晝樂閒居信知此地無
塵處閉户忘情閱古書

長安作

終宵不寐待天明喚僕惟應趂曉行客裏那禁霜

雪重白頭自嘆未成名

奉成園聞笛

名園曾見草成茵笛韻淒清逈絶塵今日偶聞雲外響他鄉愁殺未歸人

冬夜寓懷寄王翰林

翰苑寒梅雪滿枝遣懷閑詠七哀詩煩君早寄泥緘字莫悞明光獻賦詩

焚書坑

韋編灰燼國空虛徒倚函關樂帝居堪咲始皇癡太甚沛公項羽豈知書

赤壁

鬪艦蒙衝烟未消周郎勝敵在前朝一時人物知何去千載名傳大小喬

秦淮

水遶江堤鳥聚沙尚存賣酒舊人家此行不見當時氣惟有兒童掃落花

漢宮

鸞輿西幸未曾回晚歲相違向鳳臺堪羨相如多渴病那能得賜露盈盃

賈生

聖代旁求社稷臣照人文采少同倫此生何幸蒙
宣召諫用賢才遠鬼神

集靈臺

得幸重沾雨露恩曉來乘馬入重門開元勝事成
千古空有高臺憶至尊

遊嘉陵後溪

林深何處覓仙蹤水遶清溪日自春滴翠烟嵐二
百里枯松偃蹇似蟠龍

山店

店居隱隱應難到泉響消消不厭聞咫尺山村勝

圖畫杖藜緩步看閑雲

韋處士郊居

矗矗山屏圍小院涓涓雲竇瀉寒泉明窗淨几觀書罷愛看疎篁鎖淡煙

江南

半樹夕陽鴉集早滿天秋色雁來初五湖烟水今成夢老我清閑一卷書

旅夕

高樓角響鳴寒雁遠戍烽銷噪暮鴉永夜客愁無可奈坐看燈火落殘花

金陵晚望

兩岸寒花延晚景滿林落葉戰秋聲那堪回首金
陵遠幾度吟詩句未成

春

水色微茫雲漠漠春光駘蕩樹迢迢世間爭奈人
先老萬斛閑愁一醉消

過鄭山人所居

粉蝶尋香度小園鳧鷗泛水向深源山人好事材
樗散靜坐幽齋晝掩門

寒食汜上

汜上閒遊正值春客中時復一沾巾沿堤柳色藏啼鳥隔岸桃花自笑人

與從弟同下第出關

朔風飛雪點衣裳兄弟同辭翰墨場鳥道穿雲連古樹人煙隔水帶斜陽

宿石邑

雲邊翠巘與天齊驛路迢迢望眼迷新月初生天欲暮落霞已没夕陽西

贈張千牛

羡爾千牛久別家歸辭輦路却乘騧蓬山歲遠芝

如草碧澗冬深雪捲花

拗體旅望

碧城嵳峩擁京師天邉鴈飛秋暮時江郊散步閑吟望野外黃花開向誰

滁州西磵

亂山西畔磵泉生喬木陰陰白鳥鳴閑行吟句頻回首不覺輕煙野外橫

酬張繼

每蟾書寄來雙開時看鴻飛度九關憶從別去音塵杳流落他鄉久得還

河邊枯木

蒼皮剥落水侵根鶴骨亂枝半不存時人豈識凌雲幹只看年深苔蘚痕

柳州二月

感時吟詠動悲悽滿目江山去路迷鶯花二月春如醉忽聽鈎輈樹上啼

贈楊錬師

夜靜月下了殘經説法洞府蛟龍聽一聲鐵笛凌雲響仙灃煙霧曉冥冥

題齊安城樓

畫角吹殘樓外聲晚風風颯颯起長汀極目興懷倍
惆悵行人駐馬短長亭

營州歌

風高胡兒獵平野紫貂裘冷雪初下兎走鷹飛膺
塞寬執鞭半醉馳名馬

山家

渡水攀山勞涉涉幽徑人稀風掃葉柴門常閉不
知春煙生花塢迷蝴蝶

夏晝偶作

暑氣侵人如醉酒高卧幽齋當户敞睡覺方驚夏

日長玉麈飛動茶盈臼

步虛詞

上清仙客不易識乘空只跨鶴一隻迢迢翠路護烟霞遠看乾坤無改易

君山

山川不改人先老幽硎年年發春草漁父原東一葉舟鳴榔擊楫君山道

繡嶺宮

宮前山色春凝綠梨花散亂飄香玉雲深日暮樹微茫遊人愁渡湘江曲

定園睿製集卷之

定園睿製詩集後序

成化五年己丑春

殿下以

父定王詩稿編次成集將刻以傳命臣

序之於後臣雖愚陋敢不頓首頓首

以敷揚

盛德之萬一乎臣嘗謂詩本性情關世

道三百篇無以尚矣聖人刪述列之

於經盖欲人皆得其性情之正也漢
魏而下李杜名家世有定論後之作
者益衆體製音韻能得性情之正者
鮮則詩烏可以易言哉洪惟
皇明撫運世道亨嘉仁義浹於民心禮樂
陶于民性俗尚之美正聲之作於斯
爲盛肆我
定王以純粹之資博贍之學一令之布

一言之出惟
獻園之家法是承是效不以崇高富貴
而怠其求道之心政務之餘必與二
三儒臣講明正學所以發於詩賦之
類衆體兼備其詞醇而雅其聲和而
平皆由性情之正出於自然有非刻
雕藻繪以爲工者比回視李杜之詩
固不多讓觀其長篇大章變化若風

雲炯爛若星斗流峙如山河鏗鏘振
響若黄鍾大呂誠有出於古人之上
而非淺學之所能彷彿萬一也是知
詩本性情關世道有自來矣記曰治
世之音安以樂其政和又曰正聲感
人而順氣應之信夫今我
賢王殿下自登位以來忠孝爲藩恪守
成憲旣以

父王詩集編次鋟梓以壽其傳可謂能
盡繼志述事之大者也將見
殿下之諭令簡劄詩詞歌賦制作之盛
他日又必有耆儒碩德爲之編次與
獻園文集
定園詩集並傳悠久而不朽矣中庸曰
言而世爲天下法則是集之傳皆有
益之嘉言臣拜手稽首三讀而爲之

後序紀善臣夏靖頓首謹序

定園睿製詩集後序

懷園睿製集

〔明〕朱申鈙撰　紅葉山文庫藏

明成化十一年刊本　十卷

懷園齋製集

一

懷園睿製集序

先兄懷王天性仁孝而
友于之情尤篤器度
弘遠樂善嗜學讀經
史過目即知義
王考最鍾愛及受

封聽覽國政矜憐國人
恒思所以濟益春秋
祀
宗社身親行之不以寒
暑爲倦而少易也嘗
言

社稷位重宜當敬慎其
用人也務去春花惟
取秋實澄源固本而
忠厚之政始終一如
政餘則與近侍儒臣
商榷古今與爲邦之

道次則爲文詠詩陶寫情性長篇短律各臻極焉其文也光可以分奎壁其詩也聲可以諧韶濩止乎禮義關乎世教實足以

嗚
國家之盛成化七年惜
鸞輿去早悲惋曷堪越
一年予承王爵掇取
兄平昔睿作若干篇命
紀善尹仁器編集以

壽於梓以傳諸後嗚
呼文辭乃游藝之一
端也
先兄所存尤大若天假
之以年而奉守
宗藩翼戴

帝室俾邦國復鄒魯之風
仁賢儗間平之善文
辭云乎哉
成化十一年歲次乙
未春三月初吉弟
蜀王○○謹序

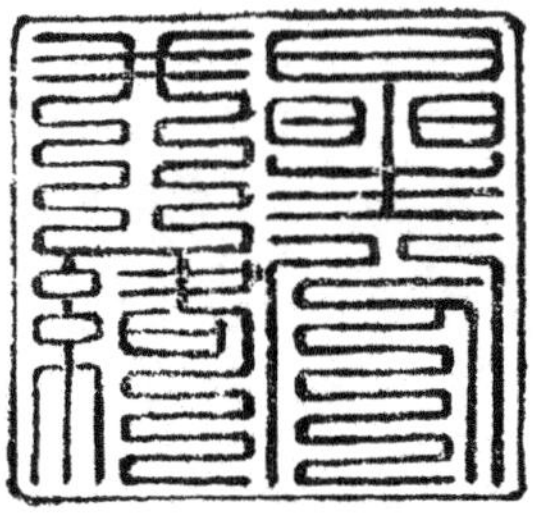

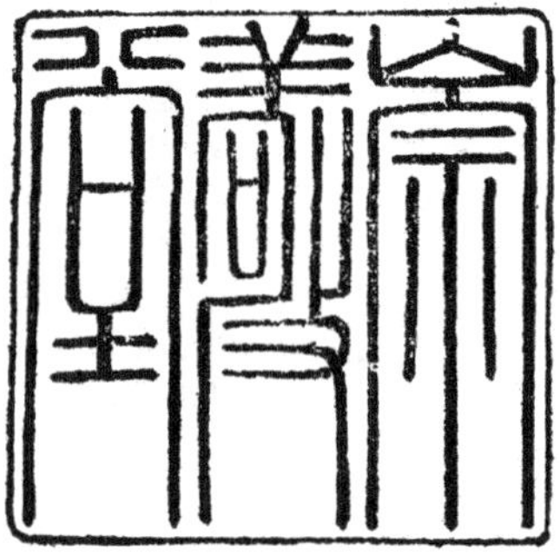

懷園睿製集目錄

蕉　梅花

桂花　秋日即事

冬日　孟冬

冬雨　苦寒

虹蜺　蟋蟀

虎　牛

鹿　馬

鷹　見鴈

蝶　冠

衣　帶

卷之三

七言律詩

卷之四

七言絶句

卷之五

蓼花　　芙蓉花

柳花　　木筆花

諼草花　　白蓮

槐花　　玉簪花

石榴花　　黄葵

荷花　　茉莉花

紅芍藥　　禾

桑　　杞

松　　栗

棗　　枇

卷之六

柳 蘚
杏 梔
葡萄 西瓜
花陰 竹筍
楊花 荷錢
枇杷 稻
月桂 蕈
花 竹影
菱 早梅
江 海

流水　邊塞
艮山　山水
竹徑　渡口
橋　春山
木　假山
菓園　蔬園
藥圃　遊道觀
遊佛寺　麒麟
鶴　鷺鷥
鵲　蠶

杜鵑　　燕雛

粉蝶　　鶯梭

棲鴉　　聞鴈

聽蟬　　促織

螢　　罵蚊

觀蟻　　蜻蜓

聞鶯　　燕至

蝶　　蜂

蛙　　蜘蛛

蠶　　螻

卷之七

卷之八

五言絕句

新月　狂風
霜　立冬
海　潮
江　河
溪　渡
山　琴臺
春水　山行
新荷　梅子
葵花　枇杷
芭蕉　杏

卷之九

木芙蓉　石榴

菊花　紅葉

芝　蘆花

水仙花　山茶花

金橘　蠟梅

橄欖　柑

瑞香　梔花

虎　豹

犀　鳳凰

龜　蟬

卷之十

春陰　春山
立春　苦寒
隱者　醫者
卜者　樵人
志氣　山
梔花　魚
秋風　季秋
象　豹
元夜　冬至
梅　雪

懷園睿製集目錄終

懷園睿製集卷之二

辭令

諭本府文武官

我
太祖高皇帝王天下　獻祖分封於蜀藩屏　宗社傳至　和祖及我　父定王咸以禮讓爲國賴社稷之福國內安治良由左右前後有職之士左輔之資今予受　冊寶繼父祖之緒已踰二載寅畏嚴恭敢不自勉爾本府文武官負職有大小當各謹其所司率循其常體至公不刻之心盡忠君

愛國之道要如先臣之攸行俾我國軍校人等身家得所老稚相安差役均平衣食自給時遇暑雨祈寒不生怨嗟艱難之歎爾等既食祿受爵可不一德一心尚圖其易而匡我之不迨以紹我先烈成乎一國之政不負 聖主托爲藩之盛心爾等各効忠貞慎勿諛悅故諭

諭承奉司

予承 祖宗之爵繼有國家受 封二年夙夜兢惕申諭爾內臣各盡迺職嘗聞前古爲治君臣同心國內康平惟法是畏外臣既行其外政內臣又

修其內事相我爲藩保守　社稷承奉以下內官內使皆　先君舊臣出入宮掖承侍左右葢有年矣今又侍予當竭爾心効爾力迺恭迺順毋怠毋荒各務盡其所當爲各宜謹其所當守納忠奉公要有裨益內省中闈惟清惟肅慎勿驕横自取罪愆故諭

序

獻園睿製集序

我　太祖高皇帝奄有天下我　曾祖獻王分封於蜀建國之初日接鴻儒碩士吟哦六經討論群

史深明心法之要益隆治道之本撫士民宣德化
而弦歌之聲禮義之風溢於邦域而被乎邊夷也
獻祖仁民濬哲出乎天縱吐辭立論不外倫理辭
令書序賛記賦詩若干首我切恐久而湮没當
國位之二年命教授臣葉著編次成帙集工鋟梓
以永其傳嗚呼我　祖睿思弘博詩古文雄文以
見政事之實詩以得性情之正如行空之雲遇風
之水流動變化自然成章一一皆自己胸中流出
誠有補於風教非空言也豈若詞人之作必於一
句一字求其工者比也

定園睿製集序

我　父定王在世府時視膳之暇入則秘閣閱書出則經帷進講研精覃思蓋無虛日景慕楚元間平霍王元軌申王德文崇儒重道好善忘勢之賢援簡摛辭出語婉麗興至則清風雅詠發舒性情眞趣悠然自然有得於塵俗之外者或與昔之賢士品題賦詠或用古人詩韻而屬和之　睿製雖多不盡留稿　錫圭受封之後正欲簡任賢能爲之羽翼藩屏　帝室以承前志不意仙遊而鸞輿竟不返矣我心感悲不能已也所賦長篇短律幸

存而未泯者命紀善馬純編爲四卷共三百二十餘首以壽於梓而觀者不無興滄海遺珠之歎云

蜀江歐陽氏族譜序

宗法欲明譜不可不作也譜不作則無以知本原之所自枝幹之所分流派之所繫也其不譜可乎歐陽氏族大且蕃甲於江右觀其所自出大率皆歐陽亭侯蹄相傳至唐吉州刺史琮始琮之子孫散處於廬陵安福吉水諸邑吉州舊爲廬陵郡因稱爲廬陵歐陽氏琮九世孫忠徙萬安之常溪忠六世孫德祖徙泰和之蜀江以詩書仕宦名家而

文物之光華聲譽之烜赫惟蜀江爲盛家舊有譜
國朝洪武初蜀江塾賓見譜與沙溪譜不合改而
一之蓋沙溪譜乃宋儒文忠公永叔之所修也永
叔亦琮之裔先居文覇鄉後徙沙溪所譜未及其
詳吾藩伴讀寧之伯父哲河南按察司副使雲莊
先生因重修之以二譜考之史傳事蹟沙溪則誤
而蜀江有徵也雲莊家之舊譜爲定者切恐數世
之後支條流派愈遠而愈失其眞所以汲汲於譜
牒而用心蓋欲明其宗法也歐陽氏賢才輩出代
不乏人有以文德顯者有以武功著者宗族昌大

倫比鮮焉是知源遠流長而本大末茂也寧之從兄熙亦爲河南憲副命工壽梓揔印五十六本取杜少陵七言一律爲數以一字爲號次第編之每房各給一本俾同姓人欲冒附者無自而入而本支子孫得有憑據繼繼繩繩以永其傳也寧問學優贍忠謹可嘉以伯父哲所修之譜來請爲序國政之餘因題其端時成化六年十一月初吉也

記

南瀆廟銅鑄神像記

凡天下山川之神皆有廟有設其神之示主者有

塑其神之相貌者江瀆廟前古惟建神位近代方有塑像誠英靈神聖之廟也廟在府治近中和門内之右禹貢岷山導江東別爲沱至於澧合於匯而達於海發源於茲澤利羣品故神名高四瀆德冠五行在祀典之所宜祭者周禮大宗伯始祭焉漢志載江水祠蜀是也宋乾德間太祖聞江瀆祠頹隘命依河瀆廟之制而修之慶曆中潞公文彥愽立廟時山水泛漲大木蔽流而下者千章公令牙校運至府川以成此廟傑閣廣殿長廊邃宇最爲壯麗元世祖至元八年尚書省奏江瀆祠荒蕪

歲久提點林守用等欲再興修世祖允其請勅本路官嚴加守護前代封神爲廣源王又有以昭靈孚應威烈六字而加封者我朝　太祖高皇帝洪武三年平定川西封南瀆大江之神上意謂在天爲上帝在人爲大君五嶽視三公與上帝並稱帝則名分不正而天道亂矣嶽鎮海瀆皆去其舊封之爵止以山川本名而稱之曰神誠古今不易之正論此所以非前代之非而是我當代之是也視彼瀆神不經者相去甚遠我　獻祖蜀王受封川蜀今我繼位爲山川之主惟神以福民而世食茲

土在我則安民而世守是邦旣見寢殿神與神妹像俱已摧毀弗稱仰瞻安忍不爲之改造而一新之乃命承奉正范安宋景副滕嵩中侍義宣永和等督工用銅一萬八千斤鑄神像一位居殿之中華英華蕚二神妹於左右列印冊金童二軀香花玉女二軀於神側傳之不朽寢殿後別建一殿以棲神之小像爲鐘造鼓而各有棲嗚呼洋洋如在赫赫有臨水旱札瘥禱祈悉應俾境內之人覿神容儀而起恭敬著之於心存之於目一年二年乃至百千萬年而不替也尚祈我神上祚　朝廷下

佐邦域而惠及臣民也是爲記

峩眉山普光殿記

普光殿在峩眉山之絶頂峩眉乃普賢大士視現之所也峩眉之勝聞天下其山周匝千里八十四盤於青雲之端有石龕百餘大洞十二小洞二十八又有雷洞坪飛來鐘玉泉石金剛臺之境峯巒倚天彩錯如畫與岷山相對實吾封内之巨鎭也山之上天霽則圓光大現山之下雲開則聖燈夜明誠爲佛之境界成化二年舊殿厄於回祿寺之主山了鑑以事聞於國因閔古佛道場不可廢毀

捐資命工重爲修建越三年已丑而工畢峻傑弘麗於舊尤加殿中以銅鑄天地水府天君侍者雷電山王之神像以爲百千萬年之香火也夫天地之理生生不息成毀也代謝也理勢相因而然也後人不繼前人之爲而爲之則其跡化爲草莽之區也成而毀毀而成亦生生不息之意也斯殿一新因前人之爲而爲之也四方覩佛者登斯山上斯殿當知普賢願王應變無窮而利澤無盡也殿之規制茲不一一焉是爲記

碑

寧壽寺碑

佛法在天下如日之麗天佛寺徧人間如水之在地寺無處無之而法無日不明也我　朝　太祖高皇奄有四海自京師達郡縣雖遐陬僻壤莫不設僧司建僧寺以闡其教故名山勝地必有所建之道場自晉唐宋元迄於今可謂盛矣施教之人有以福田利益之說而指道者有以明心見性而開悟者所以智愚賢不肖莫不翕然信奉而尊事之内臣汪澄來言寧壽寺在朝天山之西南去崇寧六七里許大師圓鑑古明之道場也師自幼紳

儀清淑脫異俗流不事女紅欲明大事年十八決志出家苦行勤力徧參諸方習禪定受具戒二十二歲即有省自謂所證未極勵精諮決後參玉屛山壞空大和尚以心印心應答無礙玉屛默之遂付以金襴袈裟玉柄麈尾師之根器女中丈夫峻機妙用禪林推重可方淨居尼圓機香山尼佛通之流自是說法示人縱橫自在同袍圓運招延於朝天搆庵居處具師淨行以聞　先王知其爲有道者禮遇殊厚師曰法王法幢隨處建立因建新寺易舊庵而爲祝國釐　睿題寺額曰寧壽命澄

等運材木役工匠以經營之迺興於天順六年孟秋之月成於七年冬十一月也其佛殿洪鎮於中立法堂於殿之後殿之前有明王殿又有天王殿龍神堂列於殿之左祖師堂序於殿之右三門洞達兩廡翼然若鐘樓鼓樓則又在天王殿之東西隅而庖廚僧寮一一完美所費悉出於　上恩至渥也當其烟消日出天氣晴霽山若翠屏之環擁水如玉帶之縈紆其殿閣崔嵬金碧煥耀雲林遠近隱映靜深眞佛地也非師集行素高曷能受國家眷顧之寵若此之甚耶工畢師命工礱石立碑

囑澄請祈　睿製以昭永久一聞所陳殊有所感
仰惟　先王作寺之意亦樂善不倦之盛心也東
平有爲善之語楚國存寶善之言書曰爲善不同
同歸於治佛之爲道一善而已矣佛者覺也覺悟
自性而復其初也觀其一心萬法萬法一心與夫
萬殊一本一本萬殊之理又何異哉大師實玉昇
之法嗣乃東晉道林無際禪師之嫡孫也茲以明
心見性之說覺於人欲人人皆覺得無所得空而
不空之妙寧壽寺之興是大師剏前人所未有而
有之者也後之人能紹師志而不墜厥緒則此寺

存於天地知千萬年不朽也師物外之人也以此山宜有此人非此人不足以當此山之佳勝也不忘　先王之遺意特筆而記之

芳山興化寺碑

我蜀城之東有芳山形勢奇秀莫可與儷自宜爲緇流道者之所栖息一宗汪道者心慕佛乘悟明禪道寄跡於釋氏法中而逈與衆殊近得地於芳山之陽山去城二十餘里若長松若昭覺諸山映帶左右森列環布一覽在目眞佳境也道者於茲築宮以事佛捐鏹傾資命梓人盡斧鋸之役用陶

人運埏甓之工中搆殿堂環以廊廡齋廚僧寮鐘鼓旛幢凡伽藍之所有者無不悉備其佛像巍然金色晃耀緇素宰官入其門莫不起敬始作於天順甲寅之夏終訖於成化丙戌之秋則其志非獨利已而實在於利人由是僧侶雲集皆遂所欲寺成請名爲題其額曰興化佛之爲教以眞實爲根柢以方便爲梯航以空洞廣大爲歸宿始之以善而終之以善而化人欲一一皆歸於善踰年一宗磨礱片石復請爲記以詔來世我爲國少暇未易捺觚懇請再四因謂之曰我　祖獻王受封於蜀

迨今八十餘禩化理風俗修舉廢墜國家治安人知感恩崇儒重道好尚老佛梵刹琳宮罔不精建於佛尤眷注焉嘗曰佛西方聖人也其道亦本於孝敬佛法入中國歷年久矣誘掖獎勸人用宗奉陰翊王度大有所益世之人有庸昧者莫諳義理背戾者弗循軌則傲佗而偭仁凡遇疾疢憂患則聚巫師奉淫祀以祈福利甚則失倫序而無所不至也佛之徒信心不二者必能引而進之俾其事佛向善圖刻像貌家家盡然習與性成久而自化欲知王度欲歸王化者徇序漸進亦須由佛教始

而作興化導其道者建寺勸善之本心歟是爲記

祭文

祭先師孔子

年月日　蜀王遣承奉正宋景祭于　大成至聖文宣王曰惟王尼山鍾靈東魯間氣師表百王功高萬世萃千聖之規模爲群賢之依據誠能與天地合其德四時合其序也茲惟仲春遣官致祭佑我邦人咸知禮義謹以牲幣醴齊用薦常事尚享

祭梓潼帝君

惟神開化注生主司桂籍光分張宿生自蜀邦孝

友之名周詩賛詠神之靈既應感昭然延我壽齡
蘩我嗣續用是遣承奉宋景以牲醴之奠詣祠致
祭陳我衷悃惟神鑒之尚享

讃

孔子讃

承奉滕嵩以　聖人畫像請讃聖人人
道之本帝王之師古今之式也瞻者起
敬因而賛之

聖量如天聖心如日唐堯之仁周文之德六經垂
敎百王是式集厥大成渾然太極

題

題百户趙珖武雋卷

文武一道也有文學者必諳武畧百户趙珖雖以武功顯蓋由文德進珖近侍講幄深有裨益前旣寫文英以賜之茲復書武雋以榮之也珖之子孫繼有祿爵者亦當知所本也

題畫龍

著德離潛飛騰變化運作甘霖施及天下

題畫虎

崢嶸溪口一嘯風生雄威奮勇百獸咸驚

懷園睿製集卷之一

懷園睿製集卷之二

五言律詩

賜題千户王敏槐陰書舍

槐影緑雲稠營成小屋幽暑消安有夏涼久却疑秋汗簡常披閱韋編細講求晉公陰德厚繼嗣沐
恩優

賜題華林胡氏族譜

公滿封陳後淵源有自來繡衣持玉斧白鶴下書臺安定純儒學邦衡大將才雲仍能繼述所志亦奇哉

星

列宿燦高天如珠點點圓參商光遠隔奎壁影相連繞地東西轉當空晝夜懸曾聞太史奏百里聚英賢

露

瀼瀼氣結成萬顆自圓明高柳資蟬飲疎松警鶴鳴味甘如玉液光冷瑩金莖收入氷壺內迎風徹骨清

霞

五色麗高天餘光明大川紅綃籠樹薄緑綺映波

鮮縷縷飛雲杪紛紛爍日邊望迷青嶂外孤鷺影
相連

霜

陰氣裂肌膚威嚴萬物枯藩籬滋野菊江岸壓寒
蘆似玉林端墜如鹽瓦上鋪詩翁偏畏冷隔舍酒
頻沽

雪

六出奪先春長衢展素茵隨風徧窓窓帶雨更紛
紛剪水光如玉飛花色似銀剡溪明月夜訪戴有
高人

秋雨

不斷覺聲長催寒天氣涼田疇禾黍黑階砌鮮苔荒夜永蛩偏響雲低鴈不翔蕭蕭還滴滴客旅倍思鄉

秋風

灝氣自西生蕭條客意驚白雲飛片影黃葉落寒聲爽籟穿簾薄涼颸入袖輕飄飄還漠漠吹送鴈南征

草

徧野色青青春來盡發生酸辛俱有味南北亦多

名苒苒連官道陰陰傍古城經行閑縱目幾度見
枯榮

李

佳果綴枝端霜膚正可看熟時龍血赤沉處水晶
寒綺席堆朱實金盤疊纈丸林中避嫌者不肯整
其冠

藤蘿

托松長百尺屈曲勢偏斜翠影覆巢鶴清陰蔽睡
蛇綢繆垂道院瀟灑傍僧家獨坐閑看處輕風落
紫花

荔枝

側生出海隅入口味偏殊顆顆含瓊液枝枝綴火珠貢珍來上國勞使走長途奇果眞堪愛輕紅錦作膚

禾稼

東畝西疇望芃芃禾盡生露滋佳色秀風度異香清金穎數村熏黄雲千頃平有收田畯喜鼓舞慶秋成

梧桐

孤桐產嶧陽花葉散清香入夜偏宜月逢秋不耐

霜繁陰鋪玉井眞影落銀床挺挺軒楹外高枝宿鳳凰

紅樹

秋氣應清商千林似錦張欲零因著雨將墜已經霜飄向漁村外流來御水傍春花差可擬麗色映斜陽

橘

九月飽經霜千林實盡黃微酸眞美味雖小有清香映日輝金色穿牙濺玉漿晚來遊目處雜橾爛文章

菖蒲

九節四時青能同泉石盟氣清應不俗根瘦自通靈廉潔如佳士孤高似聖僧傳聞方外客服餌得長生

水仙花

姑射遠傳來金黃似酒杯霜前森玉骨月下露銀臺灑灑眞難狀消消盡絕埃山樊是兄弟先向孟冬開

蕉

數節文餘長甘甜有水漿析酲如石蜜愈疾勝糕

霜味羨金盤泠香凝碧碗涼食時先自尾佳境入
仙鄉

梅花

破臘一枝新乾坤漏泄春月中偏雅淡雪後愈精
神玉蕊應抛俗瓊姿逈絕塵暗香疎影外好句在
詩人

桂花

栽培近玉堂八月正芬芳好似粟來大眞如蠟樣
黃月中逢見影風外自生香誰把高枝折只須天
上郎

秋日即事

凉生溽暑收肅肅值清秋新鴈過雲外殘蟬鳴樹頭葉飛連逈野水落見平洲日沒天光碧閒吟獨倚樓

冬日

北陸見晴曦朝來出霧遲經簷催短景過隙正寒時池煖氷消水梅開玉爍枝融融眞可愛萬物自雍熙

孟冬

天地閉難通人間物又終氣寒將釀雪夜冷正鳴

風未放梅花白先燒獸炭紅群芳凋落盡惟見秀孤松

冬雨

彤雲四野垂霡霂遍天涯隱隱輕如霧飄飄細若絲作寒當午夜釀雪值冬時岩谷梅初放枝頭色倍滋

苦寒

白晝慘陰陰彤雲入望深霜嚴膚欲裂雪容體偏侵貧士無狐貉征夫少布衾圍爐和煖處憂衆最關心

虹蜺

彩色麗中天千尋暈日邊剱形平地出橋影半空懸曾説化山玉常看飲澗泉現時因過雨藏處隔輕烟

蟋蟀

少寢正三更秋蛩草際鳴凄凄風韻冷切切月華明泣露離人怨催機懶婦驚寒聲長不絕入耳最關情

虎

據地勢崢嶸雄武莫敢攖乘風臨谷嘯随月傍山

行奮迅千人畏咆哮百獸驚斑斑文炳蔚夾鏡縱
雙睛

牛

生質重犧牷能犁數畝田道邊曾喘月隴上屢耕
烟出野還須牧歸家不用鞭桃林從放後力倦任
閑眠

鹿

天性愛林丘曾隨大舜游過時常麌麌鳴處更呦
呦飢即餐山栢渴能吞澗流骨毛蒼又白壽筭幾
春秋

馬

生自大宛西追風快玉蹄天邊曾一獻郊外每長嘶頭用金裝絡身披錦障泥年深應有智道路實難迷

鷹

猛氣正橫秋雄姿孰與儔劒翎迴電掣素羽近天遊攫兔初離海截鸞先脫鞲纖毫皆盡見萬里縱星眸

見鴈

北去復南翔飛飛道路長衝寒離朔漠帶月下衡

陽傳送書千里橫斜字幾行晚來歸宿處多在蒹
洲傍

蝶

來往任飛揚如鬧又似忙霧綃雙翅薄鐵線兩鬚
長草際常迷影花間久戀香輕風微雨外時見過
宮墻

冠

弱冠加元服頭容自儼然巍巍加獬豸岌岌擁貂
蟬端正名章甫清奇號進賢玉簪星弁美瞻仰各
爭先

衣

周身任短長製度出羲皇鮮錦明霞爛輕羅疊雪香着來分貴賤朝䖏見文章衣被承君賜清時荷寵光

帶

新製自良工一圍偏稱躬貴榮蒙帝德寬博振文風橫掛金魚赤斜垂鶴頂紅禁門常出入儀度得從容

印

製度國朝爲端方體不虧化成張顥鵲幻出孔愉

龜繫肘邊城去懸腰故里歸當時爭寵者何事更
纍纍

鐘

千鈞銅鑄成扣處自然鳴樓上懸追蠡人間震戶
鯨霜天聲愈遠月夜韻偏清聽到五更後利名心
盡驚

酒器

形制類偏多金爲玉琢磨舉時知德量飲後得春
和玄露斟藍尾瓊漿注巨羅醉鄉歡樂甚乘興發
高歌

劒

龍泉三尺長又復號干將利刃能剸玉寒稜欲墜霜氣騰寰宇內光射斗牛傍四海今平定還宜寶匣藏

燈

一點自光明不離長短檠煌煌紅艷起灼灼錦花生雪案存餘燼紗窻正五更平生愛經史照我眼偏青

京城

自古說神州逶迤繞御溝廟堂居宰輔幣帛會公

侯近日開金殿連雲起玉樓紛紛車馬集基業百千秋

城市

數仞鎮中州黃雲盡日浮守民勝却月固國壯譙樓鐵甕應懷古芙蓉正值秋紛然燈火夜皷角雜更籌

井

百尺井泉清澄泓地底生桐陰垂玉甃槐色映銀嬰竒味如氷冷寒光似鏡明曉來人汲取惟聽轆轤聲

館驛

萬里達楓宸郵亭倚白雲東南通道路來往駐車輪祖餞多歸客星馳有使臣紛紛勞騶騎但見起風塵

神廟

遺廟碧山傍相傳歲月長丹青留壁畫烟霧裊爐香德政思虞舜勤勞憶禹王寒鴉與枯木經歷幾斜陽

七夕

如流歲月過今夕鵲塡河處處陳瓜果家家醉綺

羅牛郎臨玉渚織女罷金梭相會應知少別離長恨多

書簡

尺素故情深承蒙寄好音正歡鴻鴈至只恐鯉魚沉密語來千里華牋抵萬金開時如見面讀罷快人心

書齋

茅茨八九椽宴坐讀遺編由此知今古渾如對聖賢竹松清有影風月靜無邊地僻塵難到鴻儒數往還

飯

炊香喜食新軟滑信無倫凝盌光如雪翻匙色類銀飽飡充體腹善飯養精神大發鉅橋粟應將濟餧民

懷園睿製集卷之二

懷園睿製集卷之三

七言律詩

奉和　叔德陽王詩韻

天潢衍派自淵深姿表森如寶樹林汲汲每探周孔學孜孜惟慕聖賢心龍蛇字畫聯雙璧錦繡詩篇抵萬金賦性仁和昭睿德高明視古亦猶今

葵心軒有引

承奉正宋景近侍

國家小心敬慎從容納忠而性獨愛葵於軒庭之前種葵數本以其葵有向日之心取以

自況因扁其軒曰葵心既而爲之大書復
題一律弁之卷首以勵其志云

錦葵炎夏正芬芳華扁新題翰墨香有意平生能
衛足無塵一點只傾陽當階密葉摶雲翠倚檻奇
花帶粉黄愛爾托根年歲久四時常得近恩光

賜題宋承奉景忠良卷

汝當竭力效忠良近侍金門歲月長字畫從心須
楷正語言出口要精詳敬恭謙退希良賀公倫勤
能學呂強勉勉始終惟一致應霑雨露沐恩光

和紀善馬純詩韻

輔導　親藩用老成也知君子在持盈帝王訓誥資探討賢聖詩書賴講明竹幹凌霜存節操葵花向日見精誠仲舒賈誼皆良佐爲政芳名播玉京

和葉教授著詩韻

不見先生到內庭懷思無寐聽殘更只因積月睽離久但覺塡胸鄙吝生彩筆成文多雅健金門勸講愈純誠頭顱如雪顏如玉頤汝高年等鶴齡

涼亭避暑

日午尋涼向水隅脫巾露髮總無拘不須白晝揮紈扇喜有清冰出玉壺倏爾興來遊竹逕坦然倦

後臥紗厨浮瓜沉李隨時用夢入華胥足自娛

宰相

燮理陰陽佐聖明有商台鼎重阿衡雍容玉殿常
承旨盖覆金甌早有名霖雨田疇能濟物鹽梅鼎
鼐用和羮調元大手推賢輔四海昇平德化行

賜教授

横經寒守廣文氊開示諸生有所傳淹貫古今心
正大博通經史理精研坐談一榻春風裏口誦孤
燈夜雨前才擅經綸膺寵用置身宜在五雲邊

謁宣聖廟

松栢森森擁廟堂古今學者仰門墻衣冠禮樂遵儀度籩豆罇罍有典常删述六經師仰聖光輝千載爵封王我來釋菜恭三獻恩德洪深莫敢忘

寒食

和風甘雨養花天冷節家家又禁烟盤内膠餳還可進宮中蠟燭尚堪傳風和北塞歸鴻雁月皎南枝哭杜鵑晉國介推焚死後高名千載著遺編

聽琴 二首

三尺焦桐太古音閑邪養正快人心一彈松榻風生籟再弄梅窻月有陰低舞離鸞歸海島高鳴別

鶴過雲林夜深靜聽虛堂上疑是蒼龍水底吟
錦囊三尺古桐琴大小七弦生五音一曲靜彈臨
竹所數聲雅操坐松陰去除忿慾恒存性涵養中
和解正心寂寂虛窗明月夜耳聰疑聽鳳凰吟

詩人

鏗金戛玉百餘篇藻思清新若湧泉感動鬼神音
始正包羅風月趣無邊池塘好夢謝靈運臺閣雄
才李謫仙寫出一聯如拱璧雞林價重遠相傳

中秋賞月

冰輪飛出海東頭滿地清光萬里秋太液池塘還

自玩廣寒宮殿有誰遊氷壺影透山河現丹桂香
清霧露妆正喜今宵逢好景夜涼乘興一登樓

題紀善任瑄家譜

故家譜系遠流芳奕葉書傳翰墨香宗祖栽培根
巳固子孫蕃衍澤尤長聲譽德業應多著文物衣
冠累有光論撰稱揚成世美繩繩繼繼出忠良

賜田教授均致仕還鄉

久從藩府侍諸王七十餘年两鬢蒼席上談論多
問學筆端揮灑富文章上書請老辭吾國解組投
閑返故鄉展省墓田尋舊約親賓歡飲足徜徉

賜題百户趙琥文英卷

武衛文英事蜀藩筆端藻思湧波瀾氣含萬里風雲潤光射滿天星斗寒論辯雄深皆學孟文辭雅健遠宗韓金門進講無虛日傾吐精誠一寸丹

賜隱者

一朝神武掛朝衣萬仞青山得早歸馴伏鹿麋常作伴幽深泉石久相依自從身退無榮辱老去心閑遠是非常日閉門苔滿徑只因賓客往來稀

賜太守

宣化分符鎮一方使君為政用循良九年守土多

名譽千里專城沐寵光春幰出遊張皂蓋晝長治理坐黃堂黎民仰戴思恩澤只恐超遷入廟廊

相君

匡扶聖主理陰陽才大猶能補袞裳當世用人無諂佞立朝得士盡賢良濟川既已爲舟楫調鼎應知坐廟堂定有芳名標信史何殊稷契與姚房

賜百户趙珖武雋

去年破敵喜功成六品陞官荷寵榮虎豹韜中明智畧貔貅隊裏振芳名錦袍被體晴霞爛銀帶橫腰霽雪明況又家傳詩禮學兒孫百世繼簪纓

學士

名高翰苑獨推賢身被恩榮近日邊午後退朝分玉食更深歸院賜金蓮曾傳遺像游三島亦任高眠過八磚殿上幾翻當草詔衣冠香惹御爐烟

將帥

安邊宣武樹奇功赳赳英姿氣益雄兩刃清霜揮寶劍一彎新月挽琱弓軍戎兵甲知無敵寇賊巢窠早已空緩帶輕裘襟度別公餘留意六韜中

及第

瓊林賜宴沐恩榮萬里青雲足下生去歲蟾宮先

折桂今朝鴈塔早題名仰瞻天日知明聖平步雲霄見俊英身被緑袍鯤已化欣欣朝野動歡聲

冬至

于今日至自南方陰剥纔知長一陽琯内浮灰方覺動宫中弱線又添長時臨亞歲履當獻天正隆寒物盡藏忽見宫梅報春信數枝冒雪正芬芳

香

雖同一木有多名寶鼎焚來分外清殿上氤氲晴霧重閣中馥郁暖烟輕繞看半縷遊絲起正喜三熏瑞氣生下却朱簾風不動日長况值綺窻晴

樞密

英姿赳赳氣豪雄早向邉城立異功破虜多謀誇善戰平戎輕敵讓先鋒霜天宣武轅門外月夜談兵玉帳中星斗光芒三尺劍一揮要使賊巢空

橋

玉虹百尺跨長空杜預曾施結構功天霽影懸高下見路平人得往來通西風烏鵲塡霄外落日青龍駕水中可笑秦時鞭石者何曾得到海洋東

爐

冬天寒冷正霜晨十月爐開畫閣新沸鼎火然如

赤玉成灰炭過化烏銀極寒外户疑無雪和煖通身覺有春几案杯盤宜小酌僅容隨侍兩三人

登端禮樓

端樓百尺倚青天彷彿齊雲遠接連雪霽山光來座上霧開水色近簾前醉餘作賦思騷客夜靜吹簫有洞仙川蜀景多難盡述萬條宫柳鎖晴烟

歸燕

一逢秋社便旋歸辭主俄驚眼底稀纔見翩翩離畫棟即知對對入烏衣尋巢明歲還相會應候今朝且暫違天遠雲深滄海闊西風萬里正高飛

重陽

靜中幾度閱年華但覺重陽景物佳雲散天邊飛白鴈露垂籬下綻黃花序成閣上思王勃帽落風前憶孟嘉滿袖茱萸香可愛賞心不惜醉流霞

秋日

秋陽行道當西陸但見浮空色轉黃向晚西沉從昧谷侵晨東出在扶桑餘光照耀梧桐薄正氣薰蒸黍稻香萬里碧天雲散盡南來鴻鴈自成行

秋水

長江一色碧淵澄瀰瀰冰壺徹底清鳥去宛如屏

內度人來疑在鏡中行漾風浩渺常拖練浸月深沉可濯纓鼓枻漁翁歸又晚數聲欸乃恣高情

首夏

晝永風和景物清江梅正熟半陰晴引雛紫燕六七箇求友黃鶯三兩聲大化周流天左轉炎光烜赫日南行落花盡逐東流去便見欣欣樹木榮

秋夜寫景

無聲銀漢正横空遵義樓西有過鴻近并碧梧孽素月倚宮丹桂送香風踈踈螢度紗窗外切切蛩吟玉砌中久坐不眠知夜永高燒銀燭理絲桐

新秋偶成

夏殘七月又逢秋殿閣凉生暑氣收天外賓鴻從北至雲邊大火自西流蕭蕭雨滴梧桐井細細風來葦荻洲最愛吟邊多好景退朝縱日一登樓

茶

新年春到採雲英石鼎烹來味至精百片月團稱上品一緘雀舌有佳名夢回啜罷神偏爽吟處吞來骨更清萬斛輕風生兩腋恍疑身世在蓬瀛

觀山

巍然峭拔倚青天萬壑千峰紫翠連遠近蒼蒼蓄

艸木高低疊疊鎖雲烟傍岩石徑多遊客臨水松門有隱仙最是可人心目處半空瀑布瀉銀泉

季秋

時維九月景蕭然幾處荒村鎖暮烟繞過一庭黃葉雨便開萬里碧雲天正宜露養籬邊菊又恐霜摧沼内蓮吟向江頭閑縱目蕩然潦盡見澄淵

賞菊

九秋獨秀短籬東采采繁開有幾叢黃綴金英含曉露素凝玉蕋帶西風金杯泛酒秋香細霜箭題詩月影重宴罷每懷陶靖節賦成應念屈平忠

秋晴

天高風急散陰霾晴霽宜登百尺臺唳月寒鴻繞呌破拂雲石燕不飛來虹蜺潛隱空無雨江漢澄清淺露苔田畝老農爭刈稻欣欣鼓舞盡舒懷

夏日

薫風拂拂午生涼深院簾垂晝景長堤柳含烟舒嫩綠江梅帶雨轉微黄榴巾似火庭前蹙荷蓋如盤水面張乘興登樓閑縱目青山無數靄蒼蒼

秋望

雨霽閑登百尺臺長空極目景幽哉幾行鴈向沙

頭落一泒江從淮口來遥見蕭蕭楓葉下漸看采
采菊花開天凉氣爽襟期闊風物供吟任剪裁

喜晴

沙暖泥融宿雨收晴光明媚上樓頭深紅滿樹花
陰密嫩綠盈郊草色柔舞蝶翩翻隨日轉歌鶯睍
睆逐風流物華富麗人心悦多少香車出郭遊

題牧牛圖

翠碧虛圓雲氣濃牧兒橫笛午陰中慮無榮辱升
沉想喜有清涼爽塏風蒻笠蓑餘從取舍蓑衣着
處任西東數聲野調何其樂不說侯門爵位崇

宣聖廟

千載巍巍舊廟堂穹碑土蝕蘚苔蒼删詩定禮尊先聖袞衮垂旒仰素王俎豆千年崇祭祀日星萬古著文章道高德厚同天地教化無窮有耿光

新竹

故稍箇箇出垣墻林下風傳粉籜香纔見排雲森緑玉已存節操傲清霜移將見裁編簡應律終當協鳳凰直幹虚心端可愛化龍才器不尋常

麥

南薫千頃熟來麰五月芃芃正及秋九穗呈祥家

雨露兩岐應瑞滿田疇崇丘遠近黃雲擁平隴高低翠浪浮播種有成爲國瑞農人擊壤沸歌謳

賜溫彥中良醫

通神妙術重蓉城受賜先君得令名玉札丹砂能濟物青芝赤箭解全生折肱須信同高周賚券應知傲宋清爲羨賢郎官栢府會看三世沐恩榮

賜題醫士門忠杏林深處

種杏千株在錦城上醫妙術有高名心中潛玩方書熟指下精通脉理明數粒神丹多活幼千金妙劑解全嬰董仙芳踵能追繼日待金門被寵榮

題畫鷹

金眸玉爪勢崢嶸翕翮翩然體健輕照日飛來天外影隨風傳到澗前聲能令抱子狂猿避不使成羣狡兎行巖谷多時應久立爲聽瀑布漱溪鳴

題百户談瑄菊莊清趣

秋花百本繞軒楹景對南山趣獨清飲水昔聞增上壽飡英今見治頹齡能存晩節推元亮解識孤芳有屈平一種寒香眞可愛我[illegible][illegible]把玉杯傾

懐園睿製集卷之三

懷園睿製集

二

懷園睿製集卷之四

七言絶句

聖壽

濟濟千官集禁宸嵩呼萬歲祝堯仁紫霞杯進松
花釀喜溢龍顔天下春

巍巍金殿日華明一派仙韶奏九成萬國臣民呼
萬歲讙聲瑞氣滿神京

詔

王言渙汗出如綸丹鳳朝銜下紫宸浩蕩仁風生
萬國臣民鼓舞沐恩榮

天書遠下五雲西一札新封用紫泥典雅丁寧三
代制恩施雨露及群黎

謁大成殿

堂殿巍巍近學宮素王千載播儒風衮裳遺像人
瞻仰天下春秋祀事同

赦

金鷄啣赦出楓宸滌穢除瑕又一新枯槁發生蒙
雨露春回四海被皇恩

殿

虛敞崢嶸倚碧天名齊太極與甘泉盛時設宴群

臣集兩袖香風惹御烟
九天閶闔奐然新萬國朝元集衆臣宮扇齊開輝
日月棟梁高聳接星辰

元日

鳳須寶曆萬方春玉節金盤薦五辛今日履端逢
正始陽和一氣又重新

立春

春盤生菜又迎新天運俄驚斗建寅浩蕩東風初
解凍含烟江岸柳眉顰

元夜

爍爍燈光照萬家煌煌火樹簇銀花香車寶馬追
歡者不覺歸來月已斜

早春

陽和一轉凍皆消淺綠輕黃着柳條夢覺東軒朝
曦起忽聞出谷語鶯嬌

探春

遊人策馬出郊東尋訪林花漸染紅知是青皇報
消息一年春在鳥聲中

春晝

宮院遲遲日漸長禁園花木正芬芳空濛香霧隨

簾捲但見尋巢燕子忙

春晴

金河垂柳颺東風內苑名花滿樹紅春暖日高時雨霽芹香小徑燕泥融

春遊

晴明二月物華新錦里笙歌處處春無數香輪郊野去只愁碾破草如茵

正旦

景占三元萬物新洪鈞氣轉八荒春當今聖主多恩澤祈穀應知爲國民

元夕觀燈

熒煌火樹簇銀花光照蓉城十萬家寶馬香車爭
玩賞笙歌處處正諠譁

春望

東風和煖上層樓錦綉江山豁壯眸萬紫千紅花
蕊嫩深青淺綠柳條柔

春夜

沉沉萬籟寂無聲別院花開月色晴不覺金爐香
燼冷翩然蝶夢正三更

春寒

蝶困鶯愁二月時百花未放暖回遲霏霏春雨霑衣濕剪剪狂風入面吹

春陰

四方雲密晝陰陰宿霧輕烟鎖碧岑柳絮不飛行人少影寂寥未稱賞春心

春色

春和二月景繁華處處爭妍放好花多是東皇勤點染千紅萬紫望中賒

上巳

日照桐花氣色新重修禊事值芳辰流觴曲水多

賢士寶馬香車總麗人

清明

新火新烟換物華乍寒天氣放桐花笙歌處處春
遊客扶醉歸來日巳斜
節序同流又一年新鑽榆火起新烟漢宮此日恩
光遠薄暮傒門蠟炬傳

春暮

落花飛絮正茫茫巢燕將雛繞畫梁青帝欲歸留
不住肯辭吟賞醉霞觴

送春

三月風光今又歸園林綠暗覺紅稀東皇一去留難住但見將雛燕子飛
風光别去杜鵑催斷送東皇酒一杯葉暗園林花盡落此行爲問幾時回

早起

衣裳顛倒亂鷄鳴殘月將沉日又生緩步出宮閑縱目禁林杳靄未分明

立夏

龍輿迎日自南郊草木葱蘢翠色交漸熱猶和春尚在殘花數點綴林梢

孟夏

花落殘紅逐水流清和天氣麥當秋涼陰滿地庭
槐綠紫燕將雛過小樓

夏夜

寂寂池塘月有光虛堂兀坐納微涼漏聲苦短渾
忘寢風動帷聞蕙蒥香

夏日客途

炎蒸赤日欲流金遠道行行思不禁瘦馬羸童懶
前去解鞍樹底坐涼陰

夏日寫懷

光陰南陸見朱曦畏景炎炎影轉遲大學中庸觀
覽罷北窗高臥憶庖犧

伏日

六月炎蒸正亢陽秋金畏火即潛藏身如坐甑衣
流汗故向林塘覓晚涼

避暑

炎天正爾坐書堂湘簟風生薤葉涼小扇懶揮心
自爽浮瓜不厭嚼瓊漿

夏風

拂拂南來小閣邊清香時送水中蓮涼生坐榻襟

懷爽解慍隨歌入舜絃

苦熱

畏日炎炎氣鬱蒸遥看峰頂火雲升時當卓午衣流汗凉冷因懷玉井水

夏曉

在天幾點曉星殘貼水新荷露未乾門外朱簾纔半捲一雙紫燕出梁端

立秋

南天大火已西流赫赫炎威未盡收金井梧桐飄一葉須臾散作萬家秋

秋日

寅餞時當昧谷西晴光照耀景淒淒氣清便覺無餘暑薄暮庭梧倒影低

秋雨

滴階不斷夜聲長七月能令暑氣藏燈火可親書可讀郊墟便覺有新凉

秋色

澄鮮遠水接長空擁翠南山入望中兩岸蘆花含露白一林楓葉著霜紅

秋聲

西南風起韻錚錚觸物渾疑金鐵鳴怒捲波濤來
萬壑夜窻敧枕夢魂驚

秋日即事

萬里西風白鴈天金莖曉露淨涓涓未開陶令籬
邊菊已老濂溪沼内蓮

秋夜

紗窻兀坐夜沉沉露氣淒涼月色深銀漢無聲更
漏永但聞四壁草蛩吟

秋陰

暝色空濛暗不收壓城雲重欲摧樓誰將淡墨籠

林木盡出長天一段秋

秋興

灝氣澄清暑氣收憑高望遠獨登樓應思張翰江東去萬里西風一葉舟

秋凉

夜來金氣始流行瑟瑟風從殿閣生紈扇罷揮藏篋笥紗廚便覺夢魂清

季秋

秋高九月水澄清風息波濤淨不興滿徑菊黃因露重接天山碧爲烟凝

立秋

梧桐葉落氣回秋一夜涼生溽暑收寒鴈飛飛從
北至燒空大火已西流

秋山

千峯瘦削倚青天黛色輕分一抹烟氣勢孤高應
極目翠屏影裏鳥飛還
南山突兀接天高但覺朝來爽氣饒雲本無心頻
出岫紛紛黄葉滿林飄

七夕

牛郎織女會何如烏鵲成橋事亦虚荊楚人家爭

乞巧郝隆獨晒腹中書

秋水

萬頃波光徹底清月華寒浸玉壺明連天渺渺無
杳滓漁父高歌稱濯纓

寒江渺渺碧連天萬里澄清一色鮮清影照人明
似鏡愛他徹底淨涓涓

秋郊

晚雲漠漠接村墟七月涼生積雨餘葉落西風林
影薄樵歌牧笛有人居

秋徑

近岸縈紆細路斜青松翠竹映黃花雲深露重經
行處去去潛通野叟家

秋望

江天雨過晝陰陰禾黍郊原入眼深纔見悠悠雲
出岫又看閃閃鳥歸林

秋陰

浮雲慘淡暗長空草木園林若霧籠天外絕無鴻
鴈影西風蕭瑟晝冥濛

秋窻聽雨

蕭蕭颯颯遍天涯幾陣隨風正復斜灑幕敲窻聲

不斷夜深客旅盡思家

冬日

消除寒氣散晴光到曉能融萬瓦霜冷極暖回眞可愛工添一線始知長

冬夜

院落深沉夜已闌𦼮窻兀坐漏聲殘青燈一點書潛玩但覺霜風凜凜寒

冬風

凛冽奔騰萬木凋空中亂撲雪花飄狐裘着體生和煖不覺穿窻冷氣饒

冬雨

如綵密密暗溪橋風外横斜帶雪飄寒勒梅花猶未放江河欲凍不成潮

懐園睿製集卷之一

懷園睿製集卷之五

冬日即事

曉來雪霽凍雲收縱目江天倚玉樓貪看梅開閑
佇立不知寒氣入貂裘

冬望

風高日煖景淒淒草白雲黃眼欲迷積雪光寒銀
燦爛野梅綻玉倚山溪

至日偶成

群陰剝極一陽回便覺吹葭動管灰天下要知春
信息寒岩請看雪中梅

苦寒

風狂雪密季冬時墮指皴膚更裂肌正恐貧人皆受凍誰將鄒律爲予吹

雪

輕如柳絮亂隨風萬里寒雲一色同五穀精華眞可愛祥呈三白見年豐

寒天密密雨瓊花帶雨隨風素影斜尚憶翰林陶學士嘗令取水煮新茶

冬寒憫下

深冬風冷透貂裘江海冰凝水不流内閣紅爐和

處處布衣單薄爲民憂

雪晴

陰雲散盡見朝陽大地山河燦玉光寒退漸看簷
漏滴暖回便覺嶺梅香

雷

百里塡塡震一聲世間萬物盡皆生夜來忽送千
山雨處處春風蟄已驚
雷發於天出地中大驅號令起潛龍陰陽相薄威
聲遠送雨須臾遍萬峯

春夜聽雨

知時陣陣復濛濛入耳聲隨半夜風驚破竹床胡
蝶夢明朝多少落花紅

除夜

倏然一歲今宵盡守歲那堪玉漏催歡進屠蘇三
五盞新年明日又春來
煌煌列炬照金蓮守歲更闌尚未眠爆竹聲中殘
臘盡迎新來日是明年

旱雲

炎炎如火半空陰熱氣薰蒸不作霖草木望中乾
欲死莫能大慰庶民心

原稿缺第三、四頁

廣庭不見舞霓裳兩久雲深玉兔藏安得長風掃寰宇滿輪依舊放清光

歲歲中秋常有月今宵何事掩清光嬋娟只為西風妬萬疊雲間玉兔藏

眺望

丘壑雲霞斂夕霏長空萬里帶斜暉倚闌縱目朱樓上但見投林倦鳥歸

晩步

徐行只在殿庭間乘興哦詩去又還目送夕陽翹首處雪晴峭拔見岷山

杏花

麗色芳容出粉墻殷紅淡白促新粧半開半落春風裏酒醒惟聞滿座香

李花

霜容雪色出天葩清夜輕盈映月華疑是姮娥粧洗罷肌膚潔白玉無瑕

梨花

繁開院落月溶溶彷彿眞妃露玉容蝶醉鶯栖不能去春風爲愛雪香濃

牡丹

金縷檀心錦綉裳寶欄圍護百花王芙蓉芍藥皆
推讓別是人間一種香

芍藥

映日欹風色更鮮翠莖紅蕋出天然沾濡雨露春
恩重近侍花王列殿前

薔薇

剩紅攢紫露芳姿疑是猩猩血染枝錦帳畫屏春
富貴看時莫待晚風吹

榴花

樹熒煌照眼新蒸霞笑日壓紅巾葉中數點猩

猩血顏色疑留未盡春

梅花

一枝冒雪獨先開潔白瓊花傍玉臺隔歲解待春
信息有時風送暗香來

白菊

天然素質壓紅粧籬落移來近玉堂夜月照臨寒
影瘦賞時錯訝雪生香

桂花

秋天月夜正芬芳金粟堆枝色淡黃根托廣寒宮
殿裏龍涎不散並爭香

蘆花

似雪飄風兩岸秋潛藏塞鴈宿沙鷗月移素影堪圖畫靜夜紛紛上釣舟

蓼花

西風簇簇吐繁葩生長江邊與水涯半白半紅顏色好秋波照影蘸明霞

芙蓉花

艷萼芳姿號木蓮繁開城上與江邊面容着露胭脂濕彷彿瑤臺見醉仙

柳花

輕盈如雪正霏霏亂逐春風上客衣有思無情飛不定漫天滚地映斜暉

木筆花

紫苞紅焰露華濃也解書空似兔鋒香思芳情偏可愛看時顏色亂芙蓉

護草花

砌外花開鵲嘴黃惠風入座送幽香宜男養性慈親喜種植應須近北堂

白蓮

天生素質淨娟娟疑是瑶臺謫降仙秀出水中塵

不染羅衣皜皜隔輕烟

槐花

毿毿嫩蕊染金黃滿樹香生晚露涼古道見開還見落無言能使舉人忙

玉簪花

未展心時玉作簪氷姿雪皃露華深仙姬斜插雲鬟上香散秋風麝一襟

石榴花

葩染猩唇血色鮮煌煌開近玉欄前蒸霞笑日薰風裏似火燒空但未然

黃葵

出塵正色映中央不俗應知學道裝清曉露傾金
盞側丹心一點向朝陽

荷花

仙葩紅膩自天然映日繁開色更妍外直中通香
益遠淨如新拭出清漣

茉莉花

風韻清奇吐玉葩何時移種到中華香凝曉露如
山麝仙苑僧房每薦茶

紅芍藥

天垂雨露養芳姿浩態狂香不自持常與花王爲
近侍翻階麗色勝胭脂

禾

春生東畝與西疇吐秀銜滋雨露優一望如雲知
歲稔千倉萬廩有秋收

桑

種植偏宜近短墻雨餘沃若葉青蒼攜筐織婦供
蠶事執斧侵晨伐遠揚

槐

煌煌台位映虛星蓊鬱濃陰滿戶庭午夢初回凉

思爽恍疑雲影上窻欞

松

凌空千尺棟梁身秀葉青青四季春老榦擎雲如翠盖皴皮溜雨似龍鱗

栗

外苞多刺體中黄繞熟秦園正有霜宗社已充籩豆用賓筵薦酒囪生香

棗

萬顆離離秋滿林日臨紅玉似鷄心安期海上曾來獻實大如瓜抵百金

桃

佳實甘香出武陵幾翻雨染并烟蒸瑤池王母開
華宴方朔三偷記昔曾

胡桃

殼皺皺甘席上珍剛柔質似古賢人張騫得種來
西域入貢應當獻紫宸

梅

四月傳黃滿樹枝金丸肥雨正垂垂味酸莫道無
人愛自有調羹大用時
枝頭佳實半傳黃映日含風箇箇香滋味正當調

咼咼應知此物入巖廊

梨

果熟名園正值秋霜紅玉潤異香浮除煩解渴甘如蜜惟有張公不外求

石榴

枝頭朱實似星懸霜染皮膚玳瑁鮮捧出金盤纔剖處丹砂光爍玉珠圓

藕

天姿不汚竅潛通根托方塘碧水中粲齒如氷甘似蜜可人一片玉玲瓏

枇杷

纍纍枝上墜金丸淺碧深黄色可觀咀嚼味甘尤勝蜜舌端又恨有微酸

新荷

夏初點水緑田田重疊青於萬選錢香葉動時魚戯躍翠盤寫出露珠圓

芭蕉

葉帶春烟展緑陰花開迎日露丹心客窻何事難成夢秋雨秋風思不禁

蒲

長養池中與水邊茂叢當夏緑含烟稜稜長葉渾
加翙節節香根勁似鞭

新竹

初放長梢出短墻風飄錦籜粉痕香莫言音以聲
猶細他日凌雲引鳳凰

萬玉交加一徑深揮毫擁霧晝沉沉七賢遊賞題
詩處地僻無塵有緑陰

藤蘿

清陰繞樹葉交加帶露蒙茸着紫花長蔓縈紆過
百尺刺簷蓋屈曲藏蛇

楊梅

顆顆鮮紅照綺霞恍如鶴頂暈丹砂孔融曾道楊家果濺齒甘酸味最佳

茘枝

萬顆纍纍火鳳冠液甘入口水晶寒道途置驛勞傳送徒得昭陽一笑歡

苔錢

匝地盈墻箇箇圓含烟亂疊綠花鮮濟貧莫道渾無用買得清閒值萬錢

懷園睿製集卷之五

懷園睿製集卷之六

萍

亂青點紫水中浮水面如簾展不收春煖有時魚戲躍隨風飄轉逐波流

笋

春雷動地蟄虫驚一夜龍孫帶雨生耆散錦棚纔脫落凌雲頭角便崢嶸

麥

青青如水漲田疇萬頃微茫勢欲流滿地偏宜藏野雉連天難以浴沙鷗

櫻桃

萬顆勻圓火齊紅味甘如蜜熟春風金盤捧出光
流轉宴賜群臣在玉宮

柳

金河帶雨葉青青林密中藏百囀鶯春暮絮飛晴
雪白垂絲低颺晚風輕

蘚

繡地生成箇箇圓雨餘亂疊石階前靜中買斷閑
風月應勝人間萬選錢

杏

董仙曾種滿山庄半面如丹半面黃調粥作羹須
爛熟食時但覺有餘香

桃

脆甘仙果出天台色重晴霞襯絳腮王母瑶池千
歲種世傳方朔也偷來

葡萄

西域張騫帶種歸纍纍馬乳勝珠璣熟時釀酒傾
銀甕酷烈芳香味實稀

西瓜

邵圃堅膚碧玉團深宮避暑正宜餐朱盤捧出金

刀剖瓊液香甜入齒寒

花陰

春風二月艷陽天百卉繁開容影連疊疊重重來
座上徐徐漠漠轉階前

竹笋

昨夜春雷百里驚龍孫頭角便崢嶸迸林破蘚森
如玉風煖香飄粉籜輕

楊花

雪墜霜飛天正晴紛紛撲地絮輕盈無情有思隨
風去轉首池塘化作萍

荷錢

田田疊水出池新棄動應知有戲鱗萬選能同文
士學五銖未濟世人貧

枇杷

萬顆枝頭綴蠟丸嘗時氷齒玉漿寒這般滋味甜
如蜜金橘雖香却有酸

稻

盈疇秋熟似雲黃遠送天風五里香精鑿自能成
白粲翻匙如雪喜新嘗

月桂

生在廣寒宮殿傍蕋攢金粟四時黄輪中露出婆
娑影天外隨風散異香

蓴

細葉秋来正滑肥氷盤一筯味應稀吳中八月西
風起張翰懷思命駕歸

花

一年開放借東風滿目芳菲白間紅引得紛紛蜂
與蝶名園來往錦叢中

竹影

月照虛堂夜色深一枝裊裊碎篩金排雲鳳尾垂

書几風爽涼生滿座陰

菱

懷珠韞玉體肌清綠葉浮波帶紫莖熟食飽人鮮
淡美飢年亦用濟蒼生

早梅

未春時節已胚胎數點枝頭冒雪開壓盡百花推
第一朔風先送暗香來

江

萬里茫茫勢接天波光浸月渚生烟岸回山轉通
吳蜀來往輕帆貫客船

海

百川萬派遠朝宗包括乾坤物盡容聲震如雷風
起處鯨波鼉浪幾千重

流水

江河浩渺涌波瀾有術曾聞孟氏觀晝夜朝宗東
入海奔騰萬里去漫漫

邊塞

萬里關城古戰場黃雲衰草幾斜陽戍樓入望山
千仞刁斗聲高角韻長

崑山

巍巍雪嶺與天齊勢壓羣峯鎮蜀西削玉列屏高
萬仞回頭但見白雲低

山水

一派寒流繞翠微高低遠近帶清暉雪消雲盡開
圖畫玩賞令人不計歸

竹徑

翠篠森然細路斜寒聲簌簌影交加引風蔽日塵
囂遠迂曲相通野叟家

渡口

平沙遠岸是通津芳草垂楊幾度春立馬喚舟朝

又暮紛紛南北往來人

橋

臥波千尺勢如虹來往能成利濟功金柱玉闌鰲背穩民無病涉路相逆

春山

欝然佳木碧參天萬壑千岩花欲然最愛烟霞極深處暖風晴日聽啼鵑

水

長江一望白滔滔萬里風來湧怒濤遥見浮天歸海去奔騰勢若雪山高

假山

寸岫孤峯盆盎中周圍萬竅勢玲瓏軒前分得雲
林趣智匠能侔造化工

菓園

綠橘朱桃已滿林實垂紅玉雜黃金綺筵食用須
當熟其柰偷猿與啄禽

蔬園

百品佳苗出圃中數畦栽種不相同秋菘春韭供
盤飣美味誰知抱甕功

遊樂園

新開一圃近江城百品成畦各有名赤箭青芝培
養就功能療病得長生

遊道觀

清虛福地古琳宫常見松間鶴舞風雲護石壇塵
不到丹光燦燦貫長虹

遊佛寺

白雲深處梵王家鬱鬱青松一徑斜殿閣崔嵬金
壁燦繽紛時見雨天花

麒麟

含仁德性稟於天呈瑞當為百獸先出自周郊應

有感宣尼絶筆史成年
成周郊藪出祥麟先乖中華為聖人名冠四靈推
第一生來天性獨含仁

鶴

縞衣丹頂出青田警露乘風唳九天飛入白雲仙
路遠瑶池飲水壽千年

鷺鷥

鐵為雙足雪為衣常傍荷池柳岸飛衝破濃烟人
易見幾番求食下漁磯

鵲

鮮鮮耀日羽毛奇三匝飛鳴繞樹枝侵曉頻頻來屋角平安爲報主人知

蠶

口吐絲綸巧有爲食桑成繭繭成絲織來羅錦供人用曷鑊終身不自知

杜鵑

知爾前身是帝魂花枝啼處血留痕寄巢養子禽爭餧禮數猶如奉至尊

燕雛

傍棟穿簾正學飛喃喃調語力猶微枝頭驚起來

還去一一風前刷羽衣

蝶粉

銀翅翩翩似剪成隨風來往一身輕纖衣純素光如雪飛絮香中弄晚晴

鶯梭

擲柳穿花覘睆鳴風前常作弄機聲北枝飛度南枝去巧舌關關雜鳳笙

棲鴉

倦飛歸宿在高林夢穩身安月有陰半夜衝風驚繞樹啞啞常聽吐哀音

身世幽栖托上林群飛閃閃過山岑生來天性能知孝夜半哀鳴返哺心

聞鴈

塞北飛來道路長數聲帶月下衡陽隨時飲啄鳴還宿多在蘆汀蓼岸傍

一行排字正還斜南去北來途路賒兩岸蘆花歸宿處影隨明月落平沙

八月西風景属秋飛鳴宿食任優游想伊久矣忘繒繳蘆葦灘頭絶所憂

聽蟬

古道踈槐夾岸揚托身枝上避螳蜋性清獨吉餐
朝露聲遠偏宜噪夕陽

促織

泣月吟風草底鳴閨房懶婦各心驚恐人寒到無
衣着催織聲聲似有情

螢

身軀微眇出郊墟灼灼光生腐草餘車胤家寒應
用爾一囊能照數行書

罵蚊

營營擾擾一微軀利啄貪婪集體膚只為惱人眠

未穩翩揮不許入紗厨

觀蟻

形微力小號蚍蜉來往遭逢若問途禮别尊卑知陣勢偶因得食便爭趨

蜻蜓

欵欵飛來兩翼輕往回高下影縱横穿花身過紅香内幾度随風弄晚晴

聞鶯

金衣公子孰呼名織柳遷喬應候鳴春暮嚶嚶求友切風前巧舌宛如笙

燕至

托身畫棟與朱樓來是春風去是秋上下交飛能
識主構巢生子總無憂

蝶

高低來往逐春風身寄烟花錦綉叢粉翅瓊鬚眞
可愛翩翩曾入夢魂中

蜂

此身雖小色微黃花蕋爲粮石作房禮有君臣知
上下紛紛來去亦何忙

蛙

身困泥沙坎井中鳴時細雨挾清風聒人頻恠難成夢也解馳心到月宮

蜘蛛

吐絲結網在簷楹嗟爾乘虛體最輕機巧不能成一事百蟲爲食苦傷生

蠶

桑柘能資五色身吐絲不斷有經綸織成錦段供人用咼鑊誰知最苦辛

樓

倚天突兀與雲齊登眺須憑百尺梯簷外朱簾晴

捲處雙眸一覽四山低

江樓晴望

一色天光接水光凭闌縱目對秋陽客颿緲緲連雲去影帶西風白鴈行

軒

月牖風楹四面虛牙籤一一架多書終朝坐卧常相對瀟洒無塵樂有餘

御史

白簡飛霜久立朝上章彈劾肅臣僚遠馳驄馬行巡處山嶽巍巍亦動搖

懷園集卷六　十二

學士

待漏金門上玉堂三麻九制煥文章錦袍一自登瀛後千載留傳姓字香

賜教授

横經寒坐廣文氈開示諸生得正傳才大終爲梁與棟置身應在五雲邊

將帥

臨軒授鉞出神京赳赳英姿氣益精多是邉城勲業盛相傳百世繼簪纓

送人從戎

邊城守鎮樹奇功凜凜威儀一代雄西賊聞名皆
喪膽武餘留意六韜中

賜文士

藻思滔滔萬斛泉才高無敵筆如椽數篇寫出皆
官樣雲錦昭回麗碧天

廉吏

心似秋江見底清半生為政喜公平四知千載推
楊震處處歌謠頌德聲

懷園睿製集卷之六

懷園睿製集卷之七

憫農

父子耕田須及春扶犂荷鍤極勞神鋤禾當午衣流汗誰識農家最苦辛

諍臣

鯁論忠言口自陳幾番廷諍逆龍鱗盡規應有回天力愛主從教委棄身

佛誕

金仙此日降西天沐浴群龍吐玉泉一自曇花開放後法傳東土百千年

識鑒

心如水鏡瑩清光高識知人作棟梁月旦評論推許劭能分眞僞辨賢良

氣量

大度汪洋與海同於人何所不相容胸中空洞無私欲於我何加禄萬鍾

謝惠詩

磊落珠璣爍錦箋感君重意遠相傳觀時手澤薔薇露爲愛奇才似謫仙

惠箋

數幅緘從萬里來感蒙厚意手親開花紋爛爛千
金重氷骨輕清出海苔

惠筆

遠寄霜毫荷厚情硯池揮洒勢縱横稱予臨寫鸞
經字但見雲烟紙上生

惠墨

一笏勞君遠見分彩毫濡染助斯文臨池幾度親
書處滿眼玄霞爛碧雲

惠硯

故人情意最眞堅片石傳來歙嶺邊助我書窻成

事業應知歲久必磨穿

惠茶

遠道傳書遺故人封緘盡是建溪春璚瑤匪報聊爲好七碗通靈更爽神

勤學

盛年書館日修藏篤志潛心每自强深夜囊螢思武子寒天映雪念孫康

志氣

幼年天賦出群姿㗖手功名信可期心志已隨鴻鵠去紛紛燕雀豈能知

卜者

洗濯一心明五行成都開肆繼君平世間貴賤并
凶吉忠孝隨人與論評

賜醫七

軒岐秘術久研窮志在施仁不計功出入青囊懸
肘後常將善藥起疲癃

隱者

山中泉石隔塵氛世上榮枯了不聞終日泊然無
外事閒情釣月與耕雲

樵者

每日侵晨執斧斤行行踏破嶺頭雲雖然負重歎
還笑不覺歸來又夕曛

文人

星斗胸懷錦綉腸須臾一筆字千行有唐韓柳應
同調贏得名高翰墨場

老叟

蕭然兩鬢雪霜侵不覺桑榆景色臨要出尸庭須
用杖老年無復少年心

雲

渺渺無心時出岫東西來往任飛揚能爲霖雨滋

田野曾見從龍上帝鄉

燕

能營巢壘在高堂掠地穿簾影頡頏春社自來秋社去紛紛不識爲誰忙

松

百尺蒼蒼色最濃大夫曾受始皇封只因冒雪凌霜久鐵石心腸不畏冬

老栢

倚天落落雪霜姿香葉青青貫四時如此大材堪大用明堂爲棟遇工師

釣臺

子陵高士把漁竿避世嘗居七里灘萬古遺碁今尚在黃蘆白鳥夕陽殘

山家

低低茅屋倚雲根但見空堦長蘚痕林下甘爲麋鹿友絶無車馬到柴門

村居

結構茅廬八九椽陰陰榆柳蔭窻前巷深犬吠鷄鳴處靄靄丘墟隔暮烟

畫

丹青妙筆出良工萬里江山咫尺中窻户晴明宜展玩景清疑與輞川同

琴

斷紋三尺古桐琴彈出高山流水音慨惜子期今去遠誰人能識伯牙心

二尺焦桐太古音閑邪養素正人心夜深静聽虚堂上疑是蒼龍出水吟

書燈

窻下熒煌一點明夜深伴我讀遺經雖然檠短ㅤ徧爍辛苦何勞更聚螢

賀人及第

如椽彩筆有雄文一日聲名四海聞大展月中攀桂手等閒平步上青雲

龍

或潛或躍在深淵一旦飛騰上九天濟物爲霖無旱魃沛然恩澤遍民田

敗荷

池中萬葉着霜枯秋冷香消十里湖破碎漸無擎雨盖影踈不復爲藏鳧

馬

騰驤善驥出宛西竹耳龍鬐碧玉蹄天產雄姿皆汗血追風逐電再三嘶

古鏡

收蔵古鏡號容成千百年來綠暈生若肯重磨光自現皎然還與月同明

鞦韆

綵繩畫架小樓前體態輕蹻正少年衣袖拂雲從地起傍人錯訝是飛仙

綵架千尋倚碧天長繩百尺掛晴烟羅衣飄颺如飛燕彷彿雲間謫降仙

梅雨

晴陰四月熟梅黃如霧如絲陣陣涼身上衣裾皆潤濕墨池帶得燕泥香

午日

天中節令屆蕤賓競渡龍舟弔直臣縷切蒲根香泛酒懸門底用艾爲人

石菖蒲

數莖石上葉青青龍骨盤根性自靈清氣逼人風露爽四時常近白雲屏

山茶

不畏風霜耐歲寒繁開常近玉闌干先春合在羣花首彷彿瑤臺鶴頂丹

荆花

露浥葳蕤紫綬花滿枝開放絢晴霞夜深影轉絲綸閣正對詞臣草白麻

杔錦

芳姿灼灼笑春風巧出天機造化工雲綺霞綃眞可愛數枝掩映夕陽紅

踏青

三三五五賞春人南陌東郊不駐輪羅綺紛紛皆

醉酒歸來滿面撲香塵

柳絲

褭褭千條拂御堤黃金細縷淡烟迷往來惟見鶯梭織力弱長拖水面齊

麥浪

萬頃青青滿隴頭天風吹蕩若波流雨滋露浥多佳色有雉深藏不宿鷗

釣舟

往來一葉在江鄉短棹搖搖蕩水光中有漁人常把釣絲綸百尺引風長

圍棊

兩人對奕運神機久坐槐陰到夕暉決若用兵爭
勝負着高方見解重圍

鑑

一輪如月十分盈洞徹無塵本體明能正衣冠照
妍醜封侯自古號容成

詩

鏗金戛玉百千篇藻思清新若涌泉筆下吟成神
鬼泣鷄林賈客遠相傳

歸燕

時當秋社便知歸留語辭巢與主違要問飛飛何處去謂言故國是烏衣

畫竹

扶踈幾箇碧琅玕翠葉交加墨未乾貞節歲寒恒不易憑誰移向畫中看

孤標一幅出淇濱畫譜渾疑筆有神老幹挺然森節操凌雲氣象擬忠臣

懷園睿製集卷之八

五言絶句

天

蒼蒼不可窮元氣運神功視彼洪纖物咸歸覆燾中

春天

景象正融和當春好雨多農人心喜悦仰首動謳歌

春日

天外一輪紅遲遲照太空恩光榮草木西没又升

東

春雷

塡塡始發聲百里一時鳴驚起龍蛇蟄能催萬物
生

春雨

細細聽無聲能滋萬物生田疇經濕處足稱老農
耕

春風

噓谷喜春回微微拂面來池塘波皺緑園圃促花
開

人日

七日喜無陰為人巧縷金太平新氣象栢葉酒頻斟

春寒

三陽月已終其柰雨兼風侵曉推蓬看林花未放紅

雨

無聲細若絲潤物解知時濕柳舒新葉催花發舊枝

春曉

香露濕花英流鶯巧弄聲紗窻初睡起猶有月華明

社日

田野會農人鷄豚祀稷神村村喧鼓吹桑柘喜逢春

風

習習布陽和氷開涌漫波東郊遊樂處幾陣透香羅

送春

酌酒送春歸千紅萬紫稀丁寧期後會來歲願無

違

立夏

炎帝始持衡南方見日行朱明陽德盛賢主出郊迎

夏夜

玉漏轉三更池臺月正明乘涼閑獨坐厭聽亂蛙鳴

避暑

熱極似爐中來乘殿閤風清涼生細葛如在水晶宮

季夏

三伏又將終炎炎日燎空乘涼開殿閣獨坐詠南風

七夕

銀河七月秋織女會牽牛乞巧乘瓜果歡娛入滿樓

重九

重九是今朝黃花泛白醪登高多逸興彩筆又題糕

秋風

幾陣自西郊聲聞若怒號杜陵千載後猶憶捲重
茅

秋

風高鴈陣過秋色入樓多楓老飄紅葉江澄皺綠
波

秋晚

落日照殘霞歸林閃暮鵶丹楓紅似錦錯認是春
花

秋夜

高閣漏聲長金風暗送涼梧桐秋影薄明月照回

廊

秋曉

月沉星尚在草際露珠明林影依稀見時聞過鴈聲

冬雨

幾陣逐風吹凝簷玉筋垂釀成寒〻冷氣梅蘂故開遲

冬曉

天曙雪霜嚴踈林掛玉蟾寒〻雞啼野店凍雀聚虛簷

暮冬

星回歲欲殘臘盡氣嚴寒梅蘂傳春信偏宜雪後看

臘日

冬至逢三戌春臨凍欲消嶺梅開素蘂岸柳發柔條

對月

氷鏡自東升光含萬國明瓊樓開翫賞譙鼓正三更

星

連貝瑩無塵周旋拱北辰曾聞太史奏百里聚賢人

霧

漠漠暗山川空濛雜曉烟微風吹不斷拂樹去連天

霞

瑞彩映長天祥光照遠川倚樓閑注目錦綺色尤鮮

烟

天際晚霏霏連雲翠色微江樓疑望處萬縷鎖漁

磯

露

瀼瀼深夜滴光映月華明錯落如珠綴沾濡草木榮

新月

彎彎玉一鈎高掛碧雲頭待看氷輪滿清光照十州

狂風

怒氣自天生時聞折木聲雲烟都掃盡恍若吼長鯨

霜

凜凜色鮮明瀼瀼露結成嚴威偏挫物萬籟寂無聲

立冬

今朝日南至載酒出郊迎地凍虹蜺隱寒風白此生

海

浴日遠浮天朝宗會百川蓬萊山影現萬里闊無邊

潮

隨月接天來千尋湧雪堆子胥遺恨在聲震怒如雷

江

日出漾波光悠悠萬里長商人及漁子來往泛舟航

河

舟楫去還來垂楊兩岸栽長流東入海清潔絕塵埃

溪

潺潺不斷流清淺少行舟兩岸多脩竹曾聞六逸

遊

波

遠水接輕烟行人此徃還晚來爭渡處翹首立沙
邊

山

萬伊聳嵳峩敷榮草木多朝來微雨過翠色若堆
螺

琴臺

百尺倚江邊波心影倒懸鈎簾閑眺望沙渚白鷗
眠

春水

溶溶滿釣磯漾漾映晴暉淨色青於靛應知好染衣

山行

命駕入南山衣裾濕翠嵐水窮雲起處縱目一停驂

新荷

出水綠田田淩波一樣圓風來翻翠蓋雨過疊青錢

梅子

迎風初綴綠帶雨半傳黃滋味堪調鼎應當升廟廊

葵花

傾心向太陽五色宛如粧歲歲甤賓節仙姿壓衆芳

枇杷

葉大樹陰陰佳名著上林熟時當五月萬顆綴黃金

芭蕉

障日葉多陰窗前碧色侵風來搓翠扇玉露養丹

心

杏

根托孔壇中霞蒸半臉紅子推今已遠爲酪想遺風

草

徧野緑芊芊朝來暖帶烟雙眸吟眺處一色遠連天

萱花

開花近北堂風細吐清香愛此忘憂物黃衣學道裝

萍

無蔕水中生池塘亂疊青雨來從聚散風過任飄零

菖蒲

佳種禀天精靈根向水生葉長攢緑劒英氣逼人清

竹笋

帶露碧森森穿苔似玉簪南風吹籜去雲外漸成林

麥

初熟似雲黃風生滿隴香一莖垂九穗爲兆盛時
祥

楊梅

火齊滿林紅維時夏正中色鮮滋味爽宜進大明
宮

茉莉

冰肌淡不粧標韻壓群芳露浥瓊瑤瑩風飄山麝
香

槐

亭亭夾道傍蔽日晝生凉名應公台位花開舉子

忙

蓮

萬朶淨消消天機錦叚鮮採時人笑語香泛鏡湖

船

稻

秋熟喜登塲晨炊玉粒香流匙何軟滑樂歲試新

嘗

懷園睿製集卷之八

懷園睿製集卷之九

新竹

萬箇碧琅玕輕輕粉未乾枝稍猶嫩弱秀色已堪觀

禾

秀色接平田芃芃曉帶烟秋成倉廩實准擬慶豐年

西瓜

生來如斗大斲熟蜜脾香到口能消渴炎天心自涼

梧桐

良材產嶧陽清影夜生凉葉落知秋令枝高宿鳳凰

玉簪花

東南第一花三寸玉無瑕開向明窻下清香透碧紗

桂花

獨秀壓春芳花開蠟樣黃秋風明月下隨處散天香

橘

萬顆染秋霜纍纍照眼黄陸郎歸遺母千載姓名香

柹

嘉實飽經霜金衣絢日光豐肌眞可愛入口味甘香

木芙蓉

誰植錦千叢仙姿映日紅非濃亦非淡影照碧波中

石榴

朱實似星懸中含玉粒圓味甘宜薦酒屢見入瓊

莛

菊花

花綻近重陽金錢疊疊黄東籬存晚節獨秀傲嚴
霜

紅葉

木葉染霜風鋪林蜀錦紅正當殘照裏如火欲燒
空

芝

幽質自天然煌煌五色鮮願言呈玉殿服食得延
年

蘆花

秋風兩岸蘆飛絮滿江湖影接南來鴈良工可畫
圖

水仙花

冰肌誠可愛清絶有仙姿羅韈凌波上分明天與
奇

山茶花

誰向雪霜中粧成鶴頂紅開時何獨早渾不待春
風

金橘

纍纍熟小丸萬顆綴枝端金色堪觀覽朝來露未乾

蠟梅

花開正色黃雅淡近宮墻嚼處渾無味聞來自有香

橄欖

翠顆實珍奇初酸後似飴薦茶偏適口嘉味少人知

柑

果熟洞庭霜苞開瓣瓣香群臣蒙賜宴味美勝瓊

蘗

瑞香

深冬着紫花冷艷散明霞美質留春色香膚映玉

紗

梔花

開向艷陽中夭夭滿樹紅對人渾不語常自笑春

風

虎

文彩錦斑斑行踪不離山雄威驚百獸宜爾守天

關

豹

偉哉君子變隱霧在南山七日沾恩澤皆成炳蔚班

犀

聖德及南夷梯山遠貢犀辟寒兼辟暑照夜駭群鷄

鳳凰

九苞魁羽族千仞獨高飛應世爲王瑞呈祥覽德輝

龜

道觀

福地古琳宮樓臺聳碧空一塵渾不到玄鶴舞松風

旅館

客旅在天涯秋風忽動思殘燈存半壁正是夢回時

神童

天性自英奇聰明異衆兒授經知大義頴悟不須師

公子

風流氣蓋豪錦服紫羅袍歡賞笙歌夜青樓月正高

詩人

才清句法新落筆使驚人典實追風雅雄豪泣鬼神

農人

生涯數畝田妻子播於前每遇秋成後謳歌大有年

漁人

孤蓬與短蓑垂釣在烟波水綠山青處一聲欸乃

千年五總龜神物解前知因負圖書出曾來洛水
湄

蟬

如綃兩翼輕哽咽不時鳴愛吸枝頭露天生性本
清

螢

秋夜過空庭飛飛不自停穿林明復滅錯認是流
星

江樓

百尺倚江邊波心影倒懸鈎簾閑眺望沙渚白鷗

眠

書齋

蕉尾壁間掛牙籤架上懸心清無俗慮瀟洒似林泉

田家

茅屋两三家栽桑復種麻秋來登百穀皷腹樂無涯

佛寺

千古梵王家樓臺耀日華老僧翻貝葉時見雨天花

歌

牧童

歲月一烟蓑行踪碧草坡笛横牛背上吹出太平歌

獵者

曉跨玉驄驕驅馳氣槩鐃挽弓回首處一箭落雙鵰

次訪僧韻

尋僧策杖藜信步到招提飛錫知何處惟聞山鳥啼

商旅

萬里問郵程天涯躡屩行獨眠孤館夜怕聽子規聲

武士

赳赳氣豪英逢人只論兵委身期報國隨處立功名

相者

觀物縱雙眸靈臺炯若秋鳶肩知作相燕額定封侯

千秋節

瑞氣滿青宮懽聲萬國同百官行賀禮寶篆裊祥
風

茶

春到露牙生烹來味至精啜餘喉吻潤頓覺骨毛
清

酒

清香浮玉甕艷色照金鍾大禹疎儀狄高風寧可
宗

鴈

雲邊幾點疎萬里解傳書次序知先後人胡反不

如

觀棊

閑觀窓下奕動靜與方圓要識輸贏處當知一着先

書

先儒舊簡篇萬軸字猶鮮閉戶頻觀覽分明見聖賢

紙

不亞薛濤箋娟娟白似綿玉堂揮翰手滿幅掃雲烟

墨

萬杵擣玄霜常依玉硯傍幾回濡彩筆落紙有餘香

筆

製造自蒙君能成五色文羲之心手應陣勢掃千軍

硯

端溪新鑿出體段有圓方彩筆濡香翰相親在玉堂

扇

裁製出良工能生頃刻風相親爲執友解慍賴伊
功

紙帳

雲葉甚輕明高低夢亦清五更寒氣重和煖覺春
生

觀魚

跳躍任沉浮江湖恣意遊穿萍抛玉尺不復釣絲
憂

懷園睿製集卷之九

懷園睿製集卷之十

聖節

金殿日華明嵩呼萬歲聲從臣行賀禮天下被恩榮

探春

跨馬出郊東林花尚未紅陽和報消息春在鳥聲中

早春

日照凍將消輕黃着柳條東軒初睡起乍聽谷鶯嬌

遊春

二月物華新笙歌處處春香輪郊野外多少踏青人

春色

二月景繁華爭妍處處花黃鶯聲最巧紫燕影偏斜

春寒

料峭冷生風池氷尚未融林中鶯倦語花蕚瘦纖紅

春陰

雲深晝陰陰冰消寒尚侵蝶愁花欠少未稱賞花
心

春山

佳木碧參天千岩花欲然烟霞最深處風靜有啼
鵑

立春

生菜又迎新鞭牛景得春暖風初解凍江岸柳眉
顰

苦寒

風冷透貂裘冰凝水不流紅爐和煖處衣薄爲人

憂

隱者

泉石隔塵氛榮枯事不聞身安心自樂釣月與耕雲

賜醫者任傑

傳道自神農施仁不計功青囊懸肘後妙藥起疲癃

卜者

窮經明五行開肆繼君平八卦知凶吉鑽龜判死生

樵人

採薪持斧斤踏破嶺頭雲負重歌還笑歸來山又
嶕

志氣

磊落一男兒當爲天下奇久存鴻鵠志燕雀豈能
知

山

突兀與雲齊憑高百尺梯朱簾晴捲處看得四山
低

瘦削倚青霄朝來爽氣饒紛紛黄葉落漠漠白雲

韻

挽花

疊錦色鮮濃一枝人面紅芳姿偏灼灼不語笑東
風

魚

三口欲吞舟江湖任意遊化龍存素志不視小鍼
鈎

秋風

蕭條聲怒號凉氣入羅袍江上吹梧落天邊送鴈
高

季秋

秋老水清澄波濤淨不興菊黄因露重山紫爲烟凝

象

交趾到中華珍奇爲素牙蠻夷蒙聖德拜舞獻邦家

豹

文成還在山莫用管窺斑食鐵爪牙利應當鎮九關

元夜

燈光照萬家火樹簇銀花寶馬追歡後歸來月影斜

冬至

陰極一陽回氣新飛管灰欲知春信息請看雪中梅

梅

素質壓紅粧芳叢近玉堂月來寒影瘦鶴訝雪生香

雪

密密雨瓊花隨風整復斜圍爐延客坐取水謾烹茶

除夜

臘盡又春回屠蘇酒滿杯不眠因守歲玉漏莫相催

歸燕

秋社便知歸辭巢與主違飛飛何處去故國是烏衣

仲夏

炎炎日正長殿閣有微凉高柳鳴蜩急前溪出水香

口行

命駕入南山衣裾濕翠嵐水窮雲起處縱目一停驂

早行

策馬出荷城朦朧天未明雲林難辯色惟聽曉雞鳴

盆榴

數朶蹙紅巾煌煌照眼新小窻閑賞玩猩色尚留春

蒲節

綠酒泛香蒲羅衣佩赤符龍舟人競渡日暮尚喧

呼

蟋蟀

幻出在堂陰風前月下吟夜長聲更切懶婦獨驚心

懷園睿製集卷之十 終

懷園睿製集後序

今
蜀賢王殿下於政治之暇備録
懷園平昔所著詩文遺藁編次成帙将壽諸梓與
獻園
定園睿製詩文集同垂不朽甚盛心也集成
殿下親染睿翰序諸篇端矣復
命臣能安序諸後臣拜覩全集詩五百三十五首
平易渾厚文十有餘篇純正典雅出自

睿衷有關世教皆道德仁義之所寓而無半句浮
泛恠誕之辭其洪纖高下昆虫草木之形態性
理又昭著言意表誠足以鳴
當代文明之盛追蹤古作膾炙人口而與
先王諸製作昭示永遠耿耿不磨也臣謹序
成化十二年九月吉旦奉政大夫脩正庶尹右
長史臣梁能安頓首書